KB040412

뉴노멀의 철학

뉴노멀의 철학

대전환의 시대를 구축할 사상적 토대

초판 1쇄 찍은날 2020년 7월 28일
초판 2쇄 펴낸날 2021년 12월 10일

지은이	김재인
펴낸이	한성봉
편집	조유나·하명성·이동현·최창문·김학제·신소윤·조연주
콘텐츠제작	안상준
디자인	전혜진·김현중
마케팅	박신용·오주형·강은혜·박민지
경영지원	국지연·지성실·강지선
펴낸곳	도서출판 동아시아
등록	1998년 3월 5일 제1998-000243호
주소	서울시 중구 소파로 131 [남산동 3가 34-5]
페이스북	www.facebook.com/dongasiabooks
전자우편	dongasiabook@naver.com
블로그	blog.naver.com/dongasiabook
인스타그램	www.instagram.com/dongasiabook
전화	02) 757-9724, 5
팩스	02) 757-9726

ISBN	978-89-6262-340-6 03100

이 도서의 국립중앙도서관 출판예정도서목록(CIP)은
서지정보유통지원시스템 홈페이지(http://seoji.nl.go.kr)와
국가자료종합목록 구축시스템(http://kolis-net.nl.go.kr)에서
이용하실 수 있습니다. (CIP제어번호 : CIP2020030883)

※ 이 저술은 2018년 대한민국 교육부와 한국연구재단의 지원을 받아 수행된 연구임
   (NRF-2018S1A5B8068919)
※ 잘못된 책은 구입하신 서점에서 바꿔드립니다.

만든 사람들

책임편집	하명성
크로스교열	안상준
표지디자인	전혜진
본문조판	김경주

뉴노멀의
철학

대전환의 시대를 구축할 사상적 토대

김재인 지음

유예된 시간의 도래

우리는 그날 해가 질 때까지 온종일 그곳에 앉아 말할 수 없이 많은 고기와 달콤한 술로 잔치를 벌였소. 이윽고 해가 지고 어둠이 다가왔을 때 우리는 바닷가에 자려고 누웠소. 이른 아침에 태어난 장밋빛 손가락을 가진 새벽의 여신이 나타나자 나는 전우들을 격려하며 어서 배에 오르고 고물 밧줄을 풀라고 명령했소. 그들은 지체 없이 배에 올라 노 젓는 자리에 앉았소. 그들은 순서대로 앉더니 노로 잿빛 바닷물을 쳤소. 그곳으로부터 우리는 비통한 마음으로, 그러나 비록 사랑하는 전우들을 잃었어도 죽음에서 벗어난 것을 기뻐하며 항해를 계속했소.

— 호메로스^{Homeros}, 『오디세이아』(천병희 옮김, 도서출판숲, 2005), 9권. 556-566행.

본능. — 집이 불탈 때는 점심도 잊어버린다. 맞는 말이다. 하지만 인간은 재 위에서 마저 점심을 먹는다.

— 니체^{Friedrich Nietzsche}, 『선악 너머^{Jenseits von Gut und Böse}』(1886), 83절.

전쟁 기계 또는 '조총 발사부대'의 문제는 이렇다. n명의 개인이 일제히 발포하게 하려면 꼭 장군이 필요할까? 중심 질서의 모사도 복사도 없으며, 유한한 수의 상태들과 그에 상응하는 속도의 신호들을 포함하는 탈중심 다양체에서, 전쟁 리좀^{rhizome} 또는 게릴라 논리의 관점에서는 '장군' 없는 해법이 발견된다.

— 들뢰즈^{Gilles Deleuze} & 과타리^{Pierre-Félix Guattari},
『천 개의 고원^{Mille Plateaux}』(1980), p.26.

어떤 변화는 일시적이지만, 어떤 변화는 돌이킬 수 없다. 모두는 코로나19(코로나바이러스감염증-19, 이하 코로나19)가 가져온 변화가 영원히 계속될 것임을 직감한다. 세상은 다시는 전과 같지 않으리라. 코로나19는 근대화 이후 인류가 직면한 가장 끔찍한 재난이자, 전체로서의 지구를 직감적으로 느끼게 해준 최초의 사건이다. 인류는 지금 '공포와 놀라움'이라는 느낌 속에서 살아가고 있다.

바이러스로 인해 지구는 인적·물적·정보적으로 서로 뗄 수 없게 엉켜 있는 연결망이라는 사실이 노골적으로 드러났다. 과거에는 이 연결의 수준이 느슨해서, 한 지역에 문제가 생기더라도 다른 지역은 안전했으며, 한 지역 내에서도 하층은 치명상에 노출되는 반면 상층은 보호받을 수 있었다.

그러나 '강 건너 불구경'은 이제 불가능해졌고, 옆집에 난 불이라서 함께 꺼야 하는 상황이 되어버렸다. 내가 아무리 조심한다 해도 언제든 감염 위험에 노출될 수 있으며, 내가 아무리 주의한다 해도 남을 감염할 위험을 안고 살아가야 한다. 지구라는 행성 위에서 인류는 한배를 탄 공동 운명체라는 사실을 실감하고 있다. 함께 난파를 막아야 한다.

서양의 근대 이래로 인간이 획득했던 소중한 가치들은 이 새로운 상황에서 새롭게 자리매김될 운명에 처했다. '인권 대 안전'이라는 근대적 대립 도식은 더 이상 유효하지 않으며, '안전 속 인권'을 모색해야 한다. 한 사람의 반칙은 모두를 위협하기 때문에 그 한 사람이 반칙하지 않도록 미리 배려해야 한다. 사후 수습이 아닌 선제적 대비가 필요하다. 우리가 역

내內 모든 구성원에게 마스크를 지급하는 건 선한 의도 때문만이 아니다. 이주민과 외국인과 난민에게도 선행을 베푸는 것은 현 상황에서 그렇게 해야만 모두가 안전할 수 있다는 '느낌의 합의'가 있기 때문이다. 이 과정에서 전에는 추상적으로만 보였던 협력과 연대, 상호 신뢰와 투명성 말고 다른 해법을 찾기는 어렵다.

자본주의 사회에서 그토록 소중한 '소유권'의 정당 근거로 삼았던 '나'의 노동과 '나'의 능력은 허구에 불과했음이 무참히 폭로되었다. '나'라는 개인은 수많은 '타자들'에 의존하고 있다. 우리가 먹는 농수산물조차 외국인 노동자에 의해 수확되고 있으며 또 다른 노동자들에 의해 포장되고 배송된다는 사실이 드러났다. 자본주의의 근간인 시장가격도 무의미해졌다. 사막에서 물 한 병의 값을 매기는 것이 무의미하듯, 재난 상황에서 의료용 면봉에 가격을 운운하는 일은 옹색하기 그지없다. 오히려 '돌봄'이나 '배려'처럼 가격과 무관하게 존재하던 가치들이 모습을 드러냈다. 맨 아래에서 세상을 떠받치고 있는 힘이었다.

인류는 코로나19와 함께 포스트post-근대를 대비해야 한다. 기후위기와 인공지능이 그 전조라면, 코로나19는 근대의 끝을 알려주는 징조의 막내이자 마침표다. 기후위기와 인공지능 그리고 코로나19라는 이 삼각편대는 근대를 산산조각 낸 진정한 다이너마이트다. '포스트모던'이라는 말이 유의미하게 제시된 건 40년이 조금 넘었지만, 그때와는 많이 달라진 상황과 맥락에서 진정 포스트-근대, 탈근대가 논의되어야 한다. 이 작업은 근대와 적절하게 거리를 두면서 인류의 다음 단계를 준비하는 과정이 될 것이다.

근대화가 하나의 지구를 향해 각개 돌진하던 지역과 부문의 운동이었다면, 이제 하나 된 지구는 새로운 가치 목록이 필요하다. 그 목록에 들어갈 가치 하나하나는 지금부터 가공되어야 한다.

일찍이 니체는 이 상황을 예견하면서 '근대인'으로서의 인간을 넘어선 새로운 인간상, 초인超人(인간-너머)을 제시한 바 있다. 니체는 소박한 포스트-휴먼Post-Human이 아니라 훨씬 더 급진적인 오버-휴먼Over-Human, Übermensch, 즉 인간-너머를 주장했다. 인간-너머는 탈근대의 새로운 인간이다.

> 지금까지 천 개의 목표가 있었다. 천 개의 민족이 있었기 때문이다. 단지 천 개의 목덜미에 채울 족쇄가 아직 없을 뿐. 단일한 목표가 없는 것이다. 인류는 아직 목표를 갖고 있지 않다.
>
> 하지만 말하라, 형제들이여. 인류가 아직 목표가 없다면, 인류라는 것 자체도 아직 없는 게 아닐까?●

인류는 처음으로 지구적 관점을 강요받고 있다. 갖은 수를 쓰며 외면하려고 노력했건만, 이제 소용없다. 잉게보르크 바흐만Ingeborg Bachmann이 예고했듯, "훨씬 모진 날들이 온다. 이의신청에 의해 유예된 시간이 지평선에

● Friedrich Nietzsche, *Also Sprach Zarathustra*.

뉴노멀의 철학

뚜렷이 모습을 보인다". 이 상황 앞에서는 과학기술도 경제도 가던 길을 멈출 수밖에 없다. 어디로 가야 하나? 어떻게 가야 하나? 왜 가야 하나? 무엇을 위해서? 이제 이런 물음들에 답하지 않으면 안 된다.

◀((•‒•))▶

나는 5년 전에 메르스 사태를 성찰하는 아주 얇은 책 『삼성이 아니라 국가가 뚫렸다: 들뢰즈, 과타리 이론으로 진단한 국가, 자본, 메르스』(길밖 의길, 2015)를 썼다. 당시 메르스가 한창이던 국면이었다. 나는 "메르스는 반복될 것이다"라는 문장으로 책을 맺었다. 나쁜 예감은 틀리지 않았다. 우리는 지금 코로나19의 와중에 있으며, 시작 시점은 명확하지만 종결 시 점은 전혀 알 수 없는 그런 시간을 살아가고 있다. 내가 코로나19에 대해 책을 쓰기로 결심한 건, 저 예언 아닌 예측에 책임을 져야 한다는 의무감 때문이었다.

지난 5년 사이 대한민국은 엄청난 변화를 겪었다. '촛불혁명'이라는 이름의 인류 역사상 최초의 무혈혁명이 일어났고, 기세를 몰아 국민의 압도적 지지를 통해 대통령은 물론이고 나아가 의회 권력까지 민주 정권에 위탁되었다. 한국은 지금 코로나19와의 전쟁에서 인류를 선도하고 있다. 음악, 문학, 영화, 웹툰, 정보통신기술, 방역, 스포츠 등 많은 부문에서 한국은 이미 선진국이다. 사람들이 묻는다. 도대체 무엇이 바뀐 것일까? 메르스 사태 때 봤던 속수무책과 무능이 단기간에 사라지고 코로나19를 꽤 잘 다스리게 되기까지 무슨 일이 벌어진 걸까? 어떻게 악몽에서 깨어날 수 있었던 걸까? 되돌릴 수 없는 상황을 맞이하여, 한국은 매일같이 실험을 행하고 그 결과를 세계에 보고하고 있다.

지금이야말로 뉴노멀New Normal의 철학이 요청되는 시점이다. 마침 한국은 적합한 조건을 갖추고 있다. '과학과 민주주의의 결합'에 비결이 있었다고 평가한다. 권한을 민주적으로 위임하고 과학을 이해하고 포용하는 거버넌스의 승리다. 이를 가속해야 한다. 더불어 여기에 어울리는 사상이 덧붙어야 한다. 사상이 탄생하는 곳이 선진국이다. 앎이 급증하고 신기술이 발전해서 사회가 빠르게 변하고 새로운 규범과 제도를 발명해야 한다는 압력이 고조될 때면, 새 사상이 탄생해서 마감재 노릇을 한다. 새 사상이란 생성의 마감이 아니라 새롭게 조립된 사회가 나아가야 할 방향의 제안이다. 나는 뉴노멀의 철학이 요청되는 새로운 조건으로 세 가지를 꼽는데, 인공지능, 기후변화, 감염병 대유행이 그것이다. 코로나19가 뉴노멀을 명확히 인식하고 받아들일 수밖에 없게 만든 결정타였지만 말이다.

비록 아주 짧은 기간 집필했지만, 이 책은 오랜 사고의 결과물이다. 책은 여섯 개의 장과 그 밖에 편린들로 이루어졌는데, 각 부분이 존재하는 방식은 동등하지 않다. 앞의 세 장에서는 서양 근대의 성공과 실패를 검토하며, 새로운 가치들의 정립 가능성을 모색했다. 서양의 근대는 역사적으로 특수한 조건을 전제로 하며, 그 범위에서 유효하게 작동했다. 조건이 바뀌면 가치들의 목록이 갱신되어야 한다. 이 작업은 서양 근대를 건축한 사상가들의 작업에 대응하는 성격을 띠지만, 궁극적으로는 근대를 넘어 탈근대의 철학을 세우려는 시도로 받아들여지길 바란다.

뒤의 세 장은 학문과 교육의 새로운 체계에 대한 제안을 담고 있다. 서양 근대에 발명되어 20세기까지 유효했던 체계는 더는 통하지 않는다. 나는 인문학, 사회과학, 수학, 자연과학, 공학, 예술 등이 융합하는 '뉴리버럴 아츠New Liberal Arts'를 핵심 개념으로 제시했다. 전문 분야에 이르면 각자 해야 할 일이 분명 달라지지만, 그 전에 탈근대를 살아가기 위해 누구나 갖추어야 할 기본 소양은 사회적 합의를 통해 새롭게 정립되어야 한다. 내가 대표 발제를 했다고 치고, 사회적 논의가 활발하게 이루어졌으면 하는 바람이다.

본문 여기저기에는 체계 안에 녹아들기 어려운 사색의 편린이 '짚어가는 글'로 배치되어 있다. 뉴노멀의 철학을 위한 유용한 부품들이 되기를 바란다.

야구팀 하나를 응원하더라도 자기 팀이 이기기를 바라는 건 인지상정이다. 하물며 내가 구성한 정부가 일을 잘할 때, 더 힘낼 수 있도록 응원하는 건 당연한 일이다. 정부 당국과 의료진, 그리고 고난을 함께 헤쳐가는 민주 시민께, 석 달 남짓에 걸쳐 작성한 이 거칠고 급한 발제문을 바친다.

2020년 7월

안양 집에서

| 차례 |

1장
영토의 발견

PHILOSOPHY OF
NEW NORMAL

‘코로나 혁명’이 일어났다. 인공지능과 기후위기에 이은 대격변의 마침표다. 혹자는 이 재앙을 ‘혁명’이라고 칭하는 것에 이의가 있을 것이다. 보통 혁명이라고 하면 사회가 진보하는 방향으로의 급격한 정치적 변화를 뜻한다고 보기 때문이다. 그러나 ‘과학혁명’이나 ‘산업혁명’ 같은 말처럼 ‘혁명’을 꼭 정치적 의미로 한정할 필요는 없으며, 나아가 이런 표현들을 정치혁명의 비유라고 이해할 필요도 없다. 본질을 놓고 보면, 혁명은 한 체제가 더 이상 지탱하지 못하고 다른 체제로 급격히 변화하는 사건이다. 체제는 정치적 의미를 넘어 한 사회의 전체적 구성을 가리킨다. 관건은 변화를 나은 방향으로 이끄는 일이리라.

코로나19의 경우, 인간이 능동적으로 이끌어낸 사건이 아니기 때문에 혁명이 아니라고 반박할지도 모른다. 그러나 이러한 해석은 ‘사건’에 대한 지나치게 편협한 이해에서 비롯된 것이다. 사건에서 인간의 역할은 결정적이지 않다. 사건은 삼라만상이 때맞게 동조하지 않으면 일어나지 못한다. 인간의 역할을 과대평가하는 건 '바라는 바'와 '실제 일어난 일'이 어긋났던 수많은 경험을 간과한 탓이다. 사건은 인간이 세세히 다 알 수는 없는 수많은 요인이 우여곡절 끝에 결합했을 때에야 비로소 발생한다. 우주에서 일어나는 많은 사건은 대부분 결과는 어느 정도 분명한 반면 원인은 찾기 힘들다.

'코로나 혁명'이라는 표현에 동의하지 않는 이도 있겠지만, 코로나19가 급진적인 정치적·사회적 변화를 가져올 것이라는 데 대부분 동의할 것이다. 나는 이 변화가 서양 근대 체제의 변화와 함께하리라는 것에 주목한다. 서양 근대는 그야말로 눈부신 건축물과 같다. 전 시대와 단절하는 실천을 통해 신분제도를 타파하고 개인을 발명했으며, 개인들의 연대로서 사회를 발명했고, 자유, 평등, 박애, 소유 등 개인의 가치와 권리를 발명했다. 근대 초기 많은 정치 사상가는 이런 가치와 개념의 발명가였다.

나는 코로나 혁명이 이들 가치와 개념을 필연적으로 바꿔놓으리라 본다. 이 근대적 가치들은 개별적으로 발전해왔지만, 다른 면에서는 서양 근대라는 건축물 속에서 맞물려 돌아가면서 부품으로 기능했다. 이제 원하건 원치 않건, 탈근대적 가치들로 새 건축물을 지어야 할 때다.

1.1
경계의 재발견

코로나19는 세상의 경계를 분명하게 들춰냈다. 자본주의의 발전 국면이 세계 자본주의에 다다른 이후 인간·물건·정보의 흐름은 손쉽게 전 세계 국경을 넘나들었다. 이른바 신자유주의가 도래한 것이다. 글로벌 물류망Global Value-Chain은 가장 비용이 낮은 곳을 거점 삼아 차곡차곡 재편되었으며, 지구는 얽히고설킨 거대한 공장으로 작동했다. 끝을 모르고 치닫던 이 경계 없는 지구가 코로나19가 퍼지기 시작하면서 갑자기 작동을 멈추었다. 그러면서 노출된 것이 바로 국경을 비롯한 각종 경계였다.

공항과 항만을 중심으로 국경 간 이동이 제한됨은 물론이고, 국가들을 잇는 도로와 철도도 가동을 멈추었다. 나아가 시내·외 버스, 철도, 지하철은 물론 자가용까지 포함한 국가 내 온갖 교통망이 작동을 멈추었고, 회사와 상점과 학교를 비롯한 삶의 장소가 소개疏開되었다. 이러한 상황이 전쟁이 아니라면 더 가혹한 전쟁을 어디서 찾을 수 있겠는가. 지금까지의 모든 전쟁은 코로나19가 불러온 상황의 징조에 불과했다고 표현하면 과장이 심한 것일까? 물론 바이러스와 인간의 전쟁이 아니라, 인간 간의 또는 인간과 비인간이 모두 연루된 전쟁이지만.

푸코Michel Foucault는 한 강의에서 이런 말을 한 적이 있다. "우리는 서로서로 전쟁 상태에 있고, 전선이 사회 전체를 연속적이고 영구적으로 가로지르고 있으며, 바로 이 전선이 우리들 각자를 한 진영이나 다른 진영에 위치시킨다. 중립적인 주체 따위는 존재하지 않는다. 우리는 불가피하게 누군가의 적이다."● 푸코의 이 발언은 "전쟁은 다른 수단으로 계속되는 정치에 불과하다"라는 클라우제비츠Karl Clausewitz의 정의를 니체에 의거해 뒤집은 것이다. 푸코의 발언을 한 가지 수정·보완하자면, 전선은 하나가 아니라 여럿이며, 각자는 다수의 전선에서 누군가의 적으로서 살아가고 있다. 전선은 어떻게 모습을 드러낼까? 바로 코로나19가 창궐하면서 드러내는 인류 사회의 약한 고리들을 통해 드러난다. 연대와 유대, 공포와 혐오, 과학과 협력, 안전과 인권(프라이버시) 등 많은 주제가 교차하고 있다.

그동안 '자유로운 내왕' 속에서 문턱이 한없이 낮아졌던 세상의 온갖 경계가 일제히 드러났다. 그중에서도 가장 또렷한 모습을 드러낸 경계는 바로 국경이었다. 국경은 치안과 조세를 비롯한 행정력이 미치는 범위 안쪽을 일컫는다. 그것은 정부의 주권이 미치는 범위기도 하다. 또 그것은 투표를 통해 자신의 의사결정을 직간접으로 표출할 수 있는 영토의 극한이기도 하다. 그것은 때로는 난민이나 이주민 등 권리가 유보된 자를 포함하기도 하는 단일한 주권자 공동체기도 하다. 코로나19는 국경을, 국가의

● Michel Foucault, "*Il faut défendre la société*", éd. Gallimard Le Seuil, 1997, Cours du 21 janvier, 1976, p.43.

뉴노멀의 철학

경계를, 정부의 행정력이 미치는 범위를 드러냈다. 경계를 지우려고 노력하고, 경계를 낮추려고 시도하고, 경계가 이미 없어졌다고 주장하던 신자유주의의 소망은, 또한 신자유주의를 뒷받침해오던 정부의 작동 방식은, 40여 년 만에 코로나19 앞에서 갑자기 힘을 잃었다. 마치 해가 지면서 각자 제집으로 돌아가게 된 아이들의 처지와도 같았다.

나는 국가와 정부가 귀가한 아이를 돌보는 엄마와 같다고 비유할 생각은 없다. 오늘날 국가 대부분은 국민이 선출한 정부의 통치 아래 운용된다. 적어도 형식적으로는, 정부는 인민의 집단 의지의 구성물이다. 이런 맥락에서 집에서 아이를 맞이하는 '엄마'는 곧 아이가 낳은 엄마기도 하다. 이를 자기 통치, 영어로 Self-Governance라고 부를 수 있다.

코로나19가 지속되는 상황에서 민낯을 드러낸 것 중 하나는 각국 정부의 성격, 또는 그 정부를 구성한 인민의 성격이었다. 문재인 정부가 아니라 박근혜 정부였다면, 과연 어땠을까? 세월호 참사와 메르스 사태를 곱한 것보다 더 큰 재앙이 닥쳤으리라는 점은 누구라도 동의할 것이다. 하지만 한국은 촛불혁명 끝에 완전히 다른 정부를 구성했다. 따라서 지금 누리고 있는 상대적 성취는 무엇보다 한국 인민의 성취다. 트럼프^{Donald Trump}의 미국이나 아베^{安倍晋三}의 일본이 아니더라도, 전 세계 여러 국가들이 보인 통치 행태는 이 점을 극적으로 드러낸다.

코로나19는 국경을 재발견했다. 인류는 신자유주의적 자본주의 아래서 가려지고 감춰졌던 경계를 어쩔 수 없이 확인했다(경계의 실정성^{positivity}).

하지만 더 나아가, 그 아래서 경계란 자연적으로 형성되는 건 아닌가 하는 새로운 의문이 나타났다(경계의 자연성naturality). 그렇다면 국가의 초월성에 기초해 성립한 근대적 개념인 '정부government'는 인민의 내재적 의지에서 비롯한 탈근대적 개념인 '거버넌스governance'로 전환될 수 있는 건 아닐까? 국가와 국경이 필연적으로 존재해야만 하는 지구라는 조건에서 발견되어야할 것은 인민이 구성한 '자연적 경계'가 아닐까? 이 점을 프랑스 현대철학자 들뢰즈Gilles Deleuze와 과타리Félix Guattari의 '영토territoire' 개념 및 원초적 의미의 '노모스nomos' 개념에 대한 분석에 힘입어 살펴보려 한다.

1.2
동물의 영토는 자연적 인위다

인간은 여러 겹의 영토 안에서 살아간다. 영토를 규모에 따라 구분하면
몸, 가정, 지역, 민족, 국가 등으로 확장된다. 나의 영토 안쪽과 바깥쪽은
경계에 의해 구별된다. 경계는 물리적이고 외연적이기보다는 관념적이고
내공적intensive이다. 경계를 확정하는 것은 주관적 느낌이다. 물론 이 느낌에
결정적 영향을 미치는 건 물체적 장벽이다. 내 몸이 침범당하는 느낌, 내
집에 남이 침입하고 있다는 느낌, 내 나라가 침략당했다는 느낌 등을 통해
영토의 경계가 확정된다.

영토란 무엇인가? 영토는 무엇보다 '구성 활동'의 산물이며, 일차적으
로 동물적인 현상이다. 들뢰즈는 과타리와 함께 '영토' 개념을 창조했다.[●]
물론 영토가 없는 동물도 있긴 하지만, 기본적으로 동물이 영토를 가진다
는 건 놀라운 일이다. 영토를 구성한다는 건 거의 '예술의 탄생'이나 마찬
가지기 때문이다. 다들 알다시피 동물은 항문샘, 소변 등으로 경계를 표시
하며 영토를 만든다.

● 아래의 설명은 1988년의 인터뷰에서 가져온 것이다. Gilles Deleuze & Claire Parnet, *L'Abécédaire de Gilles Deleuze*, 1996.

동물이 영토를 떠나거나 영토로 돌아올 때, 영토는 소유와 소유권의 문제다. 즉, 영토란 '내 것'의 영역이다. 영토는 동물의 소유를 구성한다. 동물은 자신의 짝을 영토 안에서만 알아보며, 영토 밖에서는 짝을 찾지 않는다.

영토 고르기 또는 영토 창조하기는 배치체agencement와도 관련된다(짚어가는 글 1 참조). 우리는 모르는 방에 들어갈 때 영토를 찾으려 한다. 말하자면 그 방에서 가장 좋게 느껴지는 장소를 찾는다. 이것이 영토화다. 영토를 만들 때는 영토를 나가는 벡터vector 또한 구성한다. 동물 역시 위험을 무릅쓰고 영토를 떠나는 경우가 있다. 포식자의 공격 같은 외적 압력 때문이다. 영토를 나가는 일, 즉 탈영토화는 또 다른 장소에 자신을 다시 영토화하려는 노력과 함께한다(재영토화). 들뢰즈는 탈영토화를 '도주'라고도 부른다.

영토 지표들 또는 영토 기호들은 이중의 운동과 뗄 수 없다. 연합된 환경은 동물이 가담하고 있으며 필연적으로 위험을 무릅쓰게 되는 외부 환경과 항상 맞닥뜨리고 있기에, 위험이 나타날 때 동물이 자신의 연합된 환경을 다시 얻을 수 있도록 해주는 하나의 도주선이 보존되어야만 한다(가령 투우장에서 황소의 도주선 ─ 이를 통해 황소는 자신이 선택한 결투장에 다시 합류할 수 있다). 그다음, 연합된 환경이 외부의 타격에 의해 뒤죽박죽되고 동물이 부서지기 쉬운 그버팀대인 자신의 내부 환경에 기대면서도 새로운 외부 부분과 연합하기 위해 기존의 연합된 환경을 포기해야만 할 때, 두 번째 도주선이 나타난다. 바다가 마르면서 원시 어류는 땅을 탐험하며 "자신을 지탱해"야만 했기에 자신의 연합된 환경을 버렸으며, 태아를 보호하기 위해 양막羊膜 내부에만 물을 담고 있게 되었다. 이런저런 점에서 동물은 공격하는 자라기보다는 달아나는 자다. 하지만 동물의 도주는 또한 정복이고 창조다. ●

동물 수준에서 재영토화는 영토화와 동일한 활동이다. 여기서 접두사 '재re'는 오히려 강세의 표현으로, 동물이 영토 만들기를 반복한다는 뜻이다.

이런 점들을 통해 영토는 '자연적 인위Natural Artifice'며 '자연의 인공물Artifact of Nature'이라는 점이 드러나는 듯하다. 즉, 영토는 동물로서의 인간이 본능적으로 구성해야만 하는 어떤 안식처인 것이다. 그런데 이러한 영토 구성은 '노모스'의 원초적 의미와도 맞닿아 있다.

● Gilles Deleuze & Félix Guattari, *Mille Plateaux*, 1980, p.72. 한국어판은 『천 개의 고원』(김재인 옮김, 새물결, 2001).

1.3
노모스의 의미 변화●

들뢰즈와 과타리는 '노모스'의 의미 변화를 언어학적·어원적 분석을 통해 추적하면서, 공간 이해에 어떤 변화가 생기게 되었는지 분석한다. 이는 현대사회의 공간과 운동을 이해하는 데 주목할 만한 단서를 준다. 요컨대 '분배'를 둘러싸고 분배가 일어나는 공간 자체의 성격에 변화가 있었다.

노모스의 어원이자 '네모^{nemő}(방목하다)'라는 말의 어근인 '넴$^{nem-}$'은 고대 희랍(그리스)에서 중요한 의미 변화를 겪는다. 기원전 8세기 호메로스의 시기(고졸기^{Archaic}에 해당)와 기원전 6세기 솔론^{Solon} 이후의 시기(고전기^{Classical}에 해당) 사이에 변화가 발생했다. 오늘날 우리는 '넴'에서 유래한 노모스를 '법'이나 '관습'이라는 뜻으로 알고 있으며, 실제로 이는 기원전 5세기 고전기 희랍어의 일반적 의미였다. 하지만 우리는 노모스의 고전기적 의미를 고졸기에 거슬러 투사하는 오류를 범하고 있다. 즉, 고졸기 때에도 노모스가 '땅을 여러 조각으로 배당하기(partage)'라는 뜻이었다

● 이 부분의 내용은 다음 논문의 일부를 요약 정리했다. 김재인, 「모빌리티에 기반한 대안적 사회구성을 향하여: 매끈한 공간 대 홈 파인 공간 전쟁기계, 또는 공간을 어떻게 구성할 것인가? − 들뢰즈 공간의 정치철학」, 김태희 외, 『모빌리티 사유의 전개』, 앨피, 2019.

뉴노멀의 철학

고 여기는 것이다. 하지만 호메로스 시기에 동사 '네모'는 '나는 배당한다 (Je partage)'라는 뜻이 아니라 '나는 분배한다(Je distribue)'라는 뜻이었다. 중요하면서도 간과해서는 안 될 사실은, 고졸기 당시 '네모'는 오직 '분배하기'만을 뜻했다는 점이다. 이때의 분배는 '주기', '제공하기'라는 행위를 가리키는 말이었으며, 고전기의 의미인 '부분들로 나누어 배당하기'라는 뜻은 아니었다. 설사 부분들로 나누어 배당하는 일도 포함될 수는 있었지만 말이다.

이에 대해 조금 더 알아보자. 우선 고졸기에 목축지는 양떼가 할당되는, 즉 미리 마련되어 있는 "조각난 땅, 땅뙈기, 얼마 안 되는 땅"이 아니었다. 그것은 "일반적으로 한정되지 않은 공간"으로, 숲, 강가의 목초지, 산비탈 등 어디든 가능했다. 이 시기 노모스는 결코 땅의 배당을 가리키지 않았다. 한편 노마드^{nomade}의 "명확한 경계가 없는 거주 장소" 역시도 경계가 갈라놓은 구획이나 구역이 아니라 한정되지 않은 공간이었다. 오늘날로 말하면, 이는 캠핑장에서 여지가 있는 한 아무 데나 텐트를 치는 일에 비유할 수 있다. 공간의 획정은 캠핑 활동 이후에야 일어난다.

그런데 솔론의 개혁 이후 노모스는 '배정된 땅'을 뜻하게 되었다. 이런 용법은 도시 정주민의 구획이 도시 주변으로 연장되었음을 보여준다. 오늘날 아파트에 입주하는 일과 같다고 비유할 수 있다. 반면 고졸기에는 노모스가 도시와 관련되었다 해도 그것은 "행정구역이 되기 전에 도시 둘레에 있는 거주 가능한 땅의 확장"과도 같았다. 결론적으로 노모스란 인간의 인정이 필요 없는, 즉 정부나 국가의 승인이 필요 없는, "동물이나 거주자를 위한 목초지를 가리킬 따름"이었다.

그렇다면 어떻게 '분배하기'가 '법'이 되었을까? 어떻게 짐승들을 땅에 마음껏 늘어놓는 일이 한정된 땅에 짐승들을 배당하는 일로 바뀌었을까? 들뢰즈와 과타리는 폴리스 또는 국가가 주변으로 행정력을 확대하면서 생긴 일이라고 답한다. 이제 노모스는 애써 힘껏 차지할 수 있었던 공간에서 배정 규칙에 따라 입주하게 될 공간으로 의미가 바뀌었다. 노모스의 의미가 전도되었고 들판은 감옥이 되었다. 따라서 과제는 이 사건을 역전시키는 실천으로 제기될 수밖에 없다.

서양 근대의 전통에서 '정부'란 일차적으로 전제군주정(또는 그 후신)을 가리켰으며, 정부에서 독립해서 개인의 자유를 확대하는 것이 중요한 과제였다. 뒤에서 검토하게 될 '계약론' 전통 역시 이 점을 함축하고 있다. 들뢰즈와 과타리 또한 '국가'를 이해할 때 이 점을 강하게 염두에 두고 있는 것이 사실이다. '원국가Urstaat'로서의 국가란 초월적이고 강압적인 폭력에 의해 작동한다.● 아시아 지역의 전통 왕조도 그런 성격이 다분하다.

하지만 코로나19에서 비롯된 재앙 상황에서 다음과 같이 물어볼 수도 있다. 동물에게 영토의 구성이 자연적 인위인 것처럼, 인간에게 정부의 구성도 그와 유사한 게 아닐까? 본래 노모스가 초월적 강제성을 포함

● 질 들뢰즈·펠릭스 과타리, 『안티 오이디푸스: 자본주의와 분열증』, 김재인 옮김, 민음사, 2014, 3장 8절 참조.

뉴노멀의 철학

하지 않듯, 정부를 구성하려는 집단 의지도 인간에게 필연적인 것은 아닐까? 근대적 개념인 '정부'는 탈근대적 개념인 '거버넌스'로 전환해야 하는 게 아닐까? 현재 드러나는 것은 인민이 구성한 '자연적 경계'며, 그것이 곧 새로운 통치 형태, 새로운 거버넌스가 아닐까? 그것은 곧 자기 통치Self-Governance라는 형태의 새로운 민주주의가 아닐까? 이것이 근대 대의민주주의의 적절한 대안이 될 수 있는 건 아닐까? 방심하면 언제든지 파시즘이나 포퓰리즘으로 추락할 위험을 내포하고 있는 외줄 타는 민주주의, 이것이 민주주의의 참모습 아닐까?

현생 인류는 진화 과정 초기에 멸종 위기 직전까지 갔었다. 인류학자와 고생물학자는 현생 인류의 개체 수가 1,200명까지 감소했었다고 추정한다. 인도네시아 수마트라섬의 토바^Toba 화산은 약 7만 4,000년 전 대폭발을 일으켰는데, 이는 지난 200만 년 사이 가장 큰 화산 폭발로 꼽힌다. 이 폭발 때문에 '화산 겨울'이 찾아와 이후 1,000년간 지구 기온이 낮아졌으며, 아시아에 거주하던 사람족^hominin이 멸절하고, 현생 인류도 아프리카를 떠나게 되었다고 학자들은 추정한다. 이 당시 현생 인류는 멸종 위기까지 내몰렸다.

인류는 이 위기를 어떻게 극복했을까? 당시 살아남은 개체 수를 통해 짐작해보면, 아마도 협력이 필수적이었으리라. 이러한 협력이라는 지혜는 본능의 일부였음이 분명하다. 유전자에 새겨져 있던 협력 능력이 없었다면, 인류는 살아남지 못했을 것이다. 일부 진화심리학자들처럼 멸종 위기를 극복하는 데 도움이 되었던 형질이 협력이라고 주장할 생각은 없다. 거꾸로 협력을 가능케 한 유전자 풀이 생존에도 도움이 되었고, 현재까지 전수되었다고 보아야 할 것이다.

공동의 생존이라는 과제를 해결하면서 인류는 자신의 안전을 지켜낼 수 있었고, 이 과정에서 생존과 안전은 최고의 가치로 각인되었다. 오늘날 우리도 안전에 위협을 받는 상황이 닥치면 본능적으로 반응하는 몸을 체험한다. 공포의 느낌은 굳이 의식하기도 전에 닥쳐온다. 머리카락이 쭈뼛 서는 느낌, 손에 흐르는 땀, 미칠 듯 뛰는 심장, 경직되는 근육 등 동물적 유산은 인류의 가장 밑층에 놓여 있다.

시간이 많이 흘렀어도 생존과 안정을 추구하는 본능은 전혀 사라지지 않았지만, 인류의 생활환경이 변화하면서 그 본능의 발현은 항상적이지 않게 되었다. 천재지변이 아니라면 주거지 안에서 특별한 공포 상황은 발생하지 않았다. 인류는 자신이 살아가는 환경을 일종의 확장된 주거지로 만들었고, 그 안에서는 마음대로 행동하며 안심하고 살 수 있었다. 자유라는 가치는 인위적으로 조성된 환경 안에서만 성립하며, 그 안에서만 누릴 수 있다. 요컨대, 자유는 영토 안에서만 가능하다.

안전과 자유는 대립하지 않는다. 안전에 대한 느낌의 정도는 개인마다 사회마다 다르다. 다툼의 상당 부분은 안전에 대한 느낌 차이 때문에 생겨난다. '나는 안전하지 않다고 느끼는데 너는 왜 위험한 행동을 하니? 너희가 우리의 안전을 위협하고 있다! 조심해서 행동하지 않으면 다친다.' 이 맥락에서 안전과 자유는 길항한다고 여겨지기 쉽다. 하지만 각도를 달리해서, 위험을 무릅쓰는 행동의 대표인 실험을 고찰할 필요가 있다. 실험은 안전의 정도를 높이는 데 기여한다. 실험이 안전 자체를 목표로 삼지는 않으나, 실험 없이는 안전이 확장되지 못한다. 이런 피드백 고리 안에서 실험이 곧 자유라는 점이 비로소 이해될 수 있다. 한 사회가 실험을 감내하는 정도가 그 사회의 자유도自由度다. 나아가 나는 창조와 실험(탐험)과 자유의 관계를 다음과 같이 주장하기도 했다.

창조성은 멀고 긴 우주 진화, 생명 진화의 역사와 궤적을 같이합니다. 무작위적 탐험이 없었다면 우주 역사에서 살아남지 못했을 거예요. 혁신과 창조가 가능하려면 예측 불가능한 다양한 실험들이 자유롭게 시도되어야 합니다. 그렇지 않으면 원리상 혁신과 창조는 불가능합니다. (중략) 자유로운 실험은 개인적 차원의 문제이기도 하지만 더 근본적으로는 사회적 차원의 문제입니다. 무엇보다 사회 분위기라는 게 중요합니다. 자유롭고 민주적인 사회에서 사상과 문화의 꽃이 피어났(중략)습니다. 사회는 개인들이 숨 쉬는 대기이고 자양분을 얻는 토양입니다. (중략) 나는 자유로운 사회를 만들려는 개인들의 정치적 실천이 중요하다고 강조하고 싶습니다. 사회라는 대기와 토양은 그냥 주어지는 게 아니라 만드는 것이기도 하거든요. 자신이 살아갈 공간을 만드는 일, 우리는 이 일이 가장 중요하다는 것부터 배워야 하고 그 공간을 잘 만들어내야 합니다.●

● 김재인, 『인공지능의 시대, 인간을 다시 묻다』, 동아시아, 2017, pp.361–362.

중요한 것은 사회의 자유도, 즉 한 사회가 허용하는 자유의 폭이며, 개인들의 실험은 사회 안에서 제각각 집단적으로 행해지고, 그에 따른 창조적 결과물은 사회의 자유도에 비례해서 생산된다. 따로 또 같이 실험할 수 있는 사회적 자유는 그 사회가 느끼는 안전의 공감대에 따라 변동하며, 따라서 서로 불일치하는 안전의 느낌의 정도를 어떻게 조율할 것인지가 관건이 된다. 결국 거버넌스가 문제다. 이 거버넌스는 '영토'를 잘 구성하겠다는 목표를 갖고 있다.

추상적인 자유란 없다. 자유는 구체적으로 특정한 조건에서 무언가를 할 수 있는 권리다. 이 점에서 자유는 '할 수 있음'에 대한 요구이며, '하지 못함'에 거스른다. 자유는 절대적 권리가 아니며, 매번 상황에 따라 판정을 달리할 조건적 권리다. 그러나 매번 판정할 수는 없으니, 사회가 허용하는 자유의 폭을 통해 자연스럽게 조율될 수 있도록 하는 수밖에 없다.

가령 생각의 자유를 보자. 생각은 각자의 내면에서 일어나는 일로서, 그것을 제약해야 할 상황은 현실에서 있을 수 없다. 그런 점에서 생각의 자유는 무한한 권리다. 양심의 자유 또한 마찬가지다. 그렇다면 표현의 자유는 어떨까? 아마도 미디어(매체)에 따라 다르게 판정되어야 할 것이다. 가령 언어만 놓고 봐도 말과 글은 서로 다른 매체다. 말은 듣고 싶지 않은 이에게도 얼마간 강제로 전달되는 반면, 글은 읽고 싶지 않은 이에게 전달되기 어렵고 그만큼 강제력이 떨어진다. 한편 온라인 동영상은 원하는 이만 시청할 수 있기 때문에 현장에서의 말보다는 강제력이 현저히 떨어지지만 글보다는 영향력이 크다. 이처럼 같은 내용이더라도 매체에 따라 판단은 달라질 수 있다.

존 스튜어트 밀John Stuart Mill에 의해 제기되고 올리버 홈스Oliver Wendell Holmes 판사에 의해 확립된 기준에 따르면, 표현의 자유는 타인에게 직접 해를 끼치지 않는 범위까지는 다 허용되어야 한다. 홈스는 "직접적이고 현존하는 위험direct and present danger"을 기준으로 제시했다. 누군가 흉기를 들고 나에게 다가오는 상황 같은 경우가 그런 위험의 사례다.

문제는 이런 자유주의 전통에서 위험의 기준이라는 게 너무 '개인'에 초점이 맞춰져 있다는 점이다. 즉, 개인주의와 자유주의가 결합된 현대사회에서는 개인이 위험에 직면해 있는지가 관건인 것이다. 하지만 개인들이 함께 딛고 있는 '조건으로서의 공동체'에 대한 고려가 먼저여야 한다. 만일 이에 대한 상시적 고려 없이 개인에만 초점을 맞추게 되면, 단 한 번의 충격으로도 쉽게 반동에 휩쓸리기 쉽다. 9·11테러를 계기로 제정된 이른바 '애국자법USA Patriot Act'이 대표적이다. 이 법은 전화, 이메일, 의료 등 모든 사회 분야에 대한 감시 권한을 대폭 강화함으로써 개인의 자유를 침해했으나, 정작 보스턴 마라톤 폭파범에 의한 테러를 막지 못하는 등 명백한 한계를 갖고 있었다.

코로나19는 자연적 인위로서의 영토를 드러냈다. 영토란 안전한 삶의 터전이자 공동의 안식처다. 국가 폭력, 성폭력과 성차별, 이방인 혐오, 소득 및 소비 격차, 보건의료 체계 등 한 사회가 안고 있는 문제들을 해결함으로써 안전한 영토를 구축하는 것은 구체적 자유의 발현을 위한 필연의 수순이다. 불평등과 격차가 큰 사회일수록 분열과 갈등은 커지고 영토는 흔들린다. 우리는 서로 보호해야 하며, 공동의 안전망을 함께 구축해야 한다. 진정한 자유란 개인의 자유가 아니라 사회의 자유도다. 우리는 초기 인류가 멸종되지 않도록 해준 힘, 즉 존 던^{John Donne}이 노래한 "그 누구도 섬이 아니고 (중략) 본토의 일부"라는 본능을 다시 자각해야 한다. 사회적 신뢰는 영토의 문제다. 그 안에서 별다른 주의와 걱정 없이도 마음 편히 살아갈 수 있는 공동체를 만들어야 한다.

욕망과 배치체 이론

영토라는 문제를 분석하기 위해 꼭 필요한 개념을 정리하고 가자. 들뢰즈의 '욕망'과 '배치체'라는 개념이 그것이다.[•]

일반적으로 나에게 무언가가 결핍되어 있을 때 결핍된 그 대상을 가지려는 의식적·무의식적 마음 상태를 욕망이라고 여긴다. 들뢰즈의 욕망 개념은 결핍에서 출발하는 이런 인간주의적 의미와는 완전히 다르다. 들뢰즈의 해석에 따르면 우선 욕망은 "하부구조의 일부"를 이루며, "하부구조에 속한다". 이 말은 무슨 뜻일까? 그것은 마르크스가 말한 의미의 상부구조, 즉 이른바 인간 '주체'나 '정신'에 속하는 그 무엇이 아니라는 뜻이다. 나아가 욕망은 하부구조 자체라기보다는 하부구조의 일부, 하부구조에 속하는 그 무엇이라는 것이다. 마르크스에게 하부구조라는 말은 경제 현실 또는 물질세계를 가리켰다. 요컨대, 들뢰즈의 욕망은 내 안에 있지 않고 나를 둘러싼 세계에 있다.

들뢰즈에게 '욕망'은 '생산' 또는 '구성'과 같은 뜻이다. 엄밀히 말

• 이어지는 설명은 「무의식을 생산하라: 들뢰즈의 정치철학」(김재인, 한국프랑스철학회 엮음, 『철학 혁명을 말하다』, 이학사, 2018, pp.374–376)을 보충하고 풀어 쓴 것이다. 들뢰즈의 사상 전반에 입문하려면 『혁명의 거리에서 들뢰즈를 읽자: 들뢰즈 철학 입문』(김재인, 느티나무책방, 2016)을 참고하면 좋다.

하면 욕망은 명사보다는 동사로 이해하는 것이 좋다. 들뢰즈가 좋아하는 술을 예로 들어보자. 술을 욕망한다는 건 무슨 뜻일까? 들뢰즈의 설명에 따르면, 가령 우리가 술을 마시고 싶다고 할 때, 그것은 단지 하나의 대상인 '술'을 바란다는 뜻이 아니며, 함께 술 마실 사람, 분위기 좋은 술집, 센스 있는 주인장 등 전체 맥락을 함께 아울러 구성하고자 한다는 뜻이다. 가령 한 사람이 어떤 브랜드의 가방을 욕망한다는 것 또한, 자신의 옷과 신발, 거리, 지나가는 사람들의 시선을 하나로 구성한다는 뜻이다. "배치체로 흘러 들어가지 않는 욕망이란 없다. 욕망은 항상 구성주의였으며, 하나의 배치체, 하나의 집합체를 구성한다." 이런 점에서 욕망의 모델은 공장이며, 욕망은 생산 활동, 끊임없는 실험, 실험적 조립, 유랑하는 수련遊牧이다. 욕망은 공장 기계의 작업인 조립, 구성, 배치, 가공 등을 포함하는 생산이다. 바라는 것을 건설하려는 욕망이 일차적이며, 이런 원초적 욕망이 없다면 결핍된 것을 채우려는 욕망도 있을 수 없다. 들뢰즈가 19세기 공상적 사회주의자의 유토피아를 욕망의 차원에서 이해한 것은 이런 맥락에서다. 욕망은 과거를 향하지 않고 미래를 향한다.

따라서 욕망은 기계로 이해되어야 한다. 우주는 공장이며, "욕망은 기계"다. 욕망 개념은 '생산'이라는 의미의 동사로, 더 구체적으로는 이미 있는 세계를 재료로 삼아 다시 구성하고 배치·조립·가공하는 활동으로 이해해야 한다. 들뢰즈가 마르크스의 '하부구조'라는 개념을 데려온 까닭은 하부구조가 물질적 생산의 영역이기 때문이었다. 들뢰즈에게 하부구조는 물질계 전체, 생산의 경과, 우주라는 무의식이기 때문에, 욕망은 하부구조의 일부며 하부구조에 속한다고 이해되었다. '나의 욕망'은 이 우주 안에서 얼마나 보잘것없는가. 따라서 나의 욕망 은 겸손해야 한다.

명사가 아니라 동사의 관점에서 보면, 들뢰즈의 욕망 이론은 이해하기 쉽다. '욕망한다'라는 말 대신 '생산한다', '구성한다', '조립한다', '배치한다' 같은 말을 써도 상관없다. 실제로 나중에는 들뢰즈가 '욕망한다'라는 말을 쓸 필요조차 없었다. 프로이트Sigmund Freud와 라캉Jacques Lacan에 직접 맞선『안티 오이디푸스』●에서는 그 말을 많이 썼지만, 점점 그 말을 쓸 필요가 없었다.

대신 '배치체agencement'라는 개념이 전면에 등장한다. '배치하다agencer' 라는 동사는 '이미 마련된 가구 따위를 배치하고, 또 그런 작용을 통해 배치된 것'이라는 뜻의 '배치체'라는 명사와 함께 쓰인다. 배치체는 능동과 수동의 일치, 또는 미분화 상태, 즉 '중동中動, middle voice'이다.●●

중동태middle voice는 '능동태도 수동태도 아닌 그 중간'이라고 설명되는 그리스어 문법 용어다. 언어학자 에밀 벤베니스트Émile Benveniste는, 행하는지 당하는지가 문제될 때의 능동과 수동의 대립을 넘어, 주어가

● 질 들뢰즈·펠릭스 과타리, 『안티 오이디푸스: 자본주의와 분열증』, 김재인 옮김, 민음사, 2014.

●● '중동'과 관련해서는 『중동태의 세계: 의지와 책임의 고고학』(고쿠분 고이치로, 박성관 옮김, 동아시아, 2019)을 참고할 수 있다. 이 책은 생각할 거리를 많이 던져주지만, 용두사미로 끝내는 인상을 지우기 어려운데, 그 까닭은 니체와 들뢰즈를 충분히 다루고 있지 않았기 때문으로 보인다.

과정의 바깥에 있는지 안에 있는지가 문제가 되는 능동과 중동의 대립에 주목한다. 이에 따르면 행위의 주체보다 사건으로서의 행위 그 자체가 먼저였다고 추정할 수 있다. 사건에 주체를 귀속하고, 자유의지를 부여하고, 책임을 묻게 된 것은 아주 훗날의 일일 뿐이다. 인간은 애초에 책임질 수 있는 존재가 아니었으며, 그 까닭은 사건의 성립이 인간의 선택을 넘어서 있기 때문이다.

들뢰즈는 '배치체', '집합체ensemble', '결집체agrégat' 등의 말을 호환해서 사용한다. 바로 그런 배치체 또는 집합체를 만드는 일이 곧 무의식을 생산하고 만드는 일이다. 사람들은 배치체를 욕망한다고 들뢰즈는 말한다. 왜 사람들은 배치체를 구성하려고 하는 걸까? 세상에서 사람이 사는 방식이 그렇기 때문이다. 영토를 구성하는 것이 동물이 사는 방식인 것과 마찬가지다. 사람은 본인이 바라는 배치체 속에 자신이 부분으로 들어가려 한다. 하지만 그 일은 혼자 노력하고 애쓴다고 해서 자동으로 성사되는 게 아니다. 나아가 자신이 어떤 배치체의 일부로 포함되느냐에 따라 삶이 완전히 달라지기 때문에, 배치체를 만드는 일은 사회 속에서 집단의 문제로 나타난다. 따라서 자신이 속하는 집단의 성격을 반동적이지 않고 혁명적으로 만드는 것이 과제다. 이는 상명 하달식으로 이루어질 수도 없고, 어느 한 사람의 노력으로 될 수도 없다. 항상 지금 상태가 어떠한지를 확인하고 계속해서 미세 조정해나가는 수밖에 없는 것이다. 그렇게 해서 만들어낸 공간, 배치체가 바로 무의식이다. 무의식을 건설하고, 동시에 혁명적 성격을 부여해야만 한다. 무의식의 배치체가 반동적으로 전락하는 것은 순식간이기 때문이다.

파시즘을 위험하게 만드는 것은 미시정치적 혹은 분자적 권력이다. 그것은 군중의 운동이기 때문이다. 즉, 그것은 전체주의적 유기체라기보다 암적인 몸이다. 미국 영화는 종종 이 분자적 초점들을, 즉 패거리, 갱, 분파, 가족, 마을, 거리, 교통수단 등의 아무도 빠져나갈 수 없는 파시즘을 보여주었다. 욕망은 왜 자신의 탄압을 욕망할까? 욕망은 어떻게 자신의 탄압을 욕망할 수 있을까? 이런 전반적인 물음에 답을 줄 수 있는 것은 미시파시즘밖에 없다. 확실히 군중들은 수동적으로 권력에 굴복하는 게 아니다. 또한 군중들은 일종의 마조히즘적 히스테리에 빠져 억압되기를 "바라는" 것도 아니다. 나아가 군중들은 이데올로기적 속임수에 기만당하는 것도 아니다. 욕망은 분자적 층위들을 필연적으로 지나가는 복합적 배치체들과 결코 뗄 수 없으며, 이미 자세, 태도, 지각, 예감, 기호계 등을 형성하고 있는 미시구성체들과 뗄 수 없다. 욕망은 결코 미분화未分化된 충동적 에너지가 아니며, 욕망은 정교한 조립에서, 고도로 상호 작용하는 엔지니어링에서 결과한다. 요컨대, 유연한 절편성이 분자적 에너지들을 처리하고 궁극에는 욕망을 이미 파시즘적으로 규정한다. 좌파 조직들이 자신의 미시파시즘을 분비하지 않는 것은 아니다. 개인적이고 집단적으로 분자 수준에서, 자기 자신인 파시스트, 자신이 유지하고 배양하며 애지중지하는 파시스트를 보지 않으면서 그램분자적 층위에서 반-파시스트이기란 참으로 쉽다.●

● Gilles Deleuze & Félix Guattari, *Mille Plateaux*, 1980, p.262, 한국어판은 『천 개의 고원』(김재인 옮김, 새물결, 2001).

그렇다면 배치체가 왜 무의식인가? 프로이트나 라캉과는 완전히 다르게 들뢰즈는 무의식을 '정신 안에 있으면서 의식이 아닌 부분'으로 여기지 않는다. 오히려 니체와 유사하게 무의식을 '의식이 아니면서 의식을 규정하는 것 전부'라고 해석한다. 단적으로, 무의식은 이 우주다. 하지만 인간은 사회를 통해 우주와 만나며, 따라서 구체적으로는 사회가 무의식이다. 그리고 사회는 배치체들 및 배치체들의 배치체다. 들뢰즈에 따르면, 모든 것은 하나의 배치체며, 각각 규모를 달리할 뿐이다. 어떤 배치체건 관점을 달리 하면 다른 배치체의 일부거나 다른 배치체들로 이루어져 있다. 사회도 하나의 배치체며, 지구도 하나의 배치체다.

요컨대 들뢰즈에게 욕망이란 '구성하려는 욕망' 또는 '건설하려는 욕망'이며, 구성하고 건설하려는 대상이 '배치체'다. 우주에는 수많은 비인간적 욕망이 있으며, 인간의 욕망은 그중 극히 일부일 뿐이다. 그렇기 때문에 배치체의 건설은 더더욱 어려운 일이다. 나의 욕망은 바다에 보태지는 몇 방울의 물일 뿐이기 때문이다.

삶은 자신이 의지를 끌어모아서 어떤 목표를 지향하며 사는 것과는 별 상관이 없습니다. 오히려 조건이 우리 자신을 좌우합니다. 앞에서 들뢰즈가 항상 집단을 중시했다고 이야기했습니다. 집단이라는 조건에 자신을 소속시킴으로써, 그 집단의 성격과 자기를 동화하는 방향으로 탈영토화의 전술을 취할 수밖에 없기 때문입니다. 그런 전술은 우리 자신을 수동적으로 그 집단의 흐름에 맡길 수밖에 없지만, 수동적이라는 것 자체를 나쁘게 바라볼 이유는 없습니다. 오히려 수동적이라는 것은 인간의 조건입니다. 원래 상황에 휘둘리는 존재입니다. 상황이 항상 인간을 만듭니다. 그렇다면 특정한 성격의 집단을 만들고, 자기를 그 안에 집어넣는 식으로 살아가는 게 최선입니다. 어떤 곳에서 누구와 함께 살 것이냐를 선택하는 문제인 것입니다. 버스 터미널이나 기차역에 가서 버스나 열차를 타는 상황과 비슷합니다. 자기가 타는 버스나 열차가 자기가 가려는 방향과 맞는지 살피고, 그 수단이 적절한지 탐구하되, 결국 자신은 거기에 얹혀서 함께 가는 것이라고 할 수 있습니다. 홀로, 자유롭게. 이런 건 환상에 지나지 않습니다.•

• 김재인, 『혁명의 거리에서 들뢰즈를 읽자: 들뢰즈 철학 입문』, 느티나무책방, 2016. p.103.

뉴노멀의 철학

2장
새로운 거버넌스의 맹아

NEW NORMAL

PHILOSOPHY OF

PHILOSOPHY OF
NEW NORMAL

한국의 방역과 인권 논란

개인의 인권 vs.
공동체의 안전

코로나19 사태에 대한 한국의 신속하고 치밀한 대응은 전 세계로부터 찬사를 들었지만, 한편에서는 한국의 방역 방식이 인권침해의 소지가 크다는 비판도 제기되고 있다. 먼저 한국의 방역 상황을 둘러싸고 벌어지고 있는 '개인의 자유와 인권 및 프라이버시' 대 '공동체와 구성원의 안전'이라는 가치 대립 논쟁을 철학적으로 검토해보려 한다.

한국 방역은 2015년 메르스 사태를 계기로 개정된 '감염병의 예방 및 관리에 관한 법률'에 따라 수행되었다. 법에 따르면 보건 당국은 국민의 건강에 위해가 되는 감염병 확산으로 인하여 주의 이상의 위기 경보가 발령되면 감염병 환자의 "이동 경로, 이동 수단, 진료 의료기관 및 접촉자 현황 등" 국민이 감염병 '예방'을 위하여 알아야 하는 정보를 "정보통신망 게재 또는 보도자료 배포 등의 방법으로" 신속히 공개해야 하며(제34조의 2), 이를 위해 보건 당국과 기초 및 광역 지방자치 단체장은 감염병 환자 및 감염병 의심자의 성명, 주민등록번호, 주소, 전화번호(휴대전화번호 포함), 처방전 및 진료기록부, 출입국 관리 기록, 이동 정보 및 위치 정보, 신용카드 및 교통카드의 사용 명세, CCTV 내역을 본인 동의와 무관하게 수집할 수 있고, 특히 위치 정보에 대해서는 보건 당국뿐 아니라 각급 지자체장도 경찰을 통해 전기통신사업자 및 위치정보사업자로부터 강제로 수집할 수 있다(제76조의2). 전 세계에서 가장 뛰어난 방역 성과를 거두고 있는 것은 이렇게 무지막지하게 수집되어 그중 일부가 공개된 개인 정보 덕이다.

이에 대해 시민사회는 강한 우려를 표명했다. 네이버의 개인 정보 보호 책임자 이진규 이사는 유럽연합의 일반데이터보호규정GDPR의 정신을 제대로 따르기 위해 세 가지를 제안했다. "①공공의 안전과 안녕(필요성) 및 긴급성 판단 기준과 절차를 정하고, ②공개할 정보의 항목을 해당 목적 범위 내로 제한하여 과도한 정보의 공개를 제한하고, ③정보 주체에게 최소한의 고지를 하는 동시에 건강 정보에 대한 안전한 관리 요건을 명확히 하는 등의 방안을 고려할 필요가 있다."● 또 22개 시민단체는 정보 공개 과정에서 '정보 인권침해'가 발생할 우려가 있다면서, "긴급한 공공보건 목적을 위해 개인 정보 자기 결정권 등 프라이버시권이 일정 정도 제한될 수 있겠지만, 과도한 제한으로 권리의 본질을 침해하지 않도록 세심하게 주의를 기울일 필요가 있"고, "긴급 상황에 대한 대응을 명분으로 취해진 조치가 향후 일상 시기의 감시 체제로 전환되지 않아야 한다"라는 공동성

● 이진규, 「코로나 바이러스와 개인정보 활용에 대한 소고: 공익 목적의 개인정보 이용은 항상 옳은가?」, 《2020 KISA REPORT vol. 2》, 2020. 02.

명을 발표했다.[●] 한편 사단법인 오픈넷은 '프라이버시 보호의 대원칙'을 위배할 우려가 있다면서, 원칙적으로 "사생활의 비밀이라는 기본권도 법률에 의해 강력한 공익적 목표를 위해 제한될 수는 있"지만, 보건 당국이나 단체장이 아니라 판사가 "영장이라는 사전 서면 승인 절차"를 통해 공개 여부를 판단해야 이를 안전하게 통제할 수 있다며, "자유민주주의 국가에서 법률의 준수는 국민의 윤리적인 책임으로 맡겨져야지 물리적으로 강제한다는 것은 고도의 사회적 동의를 필요로 한다"라고 강조했다.[●●]

한국 방역에 대한 서양 언론의 찬사

이런 우려는 서양 언론의 찬사와 맞물려 기묘한 효과를 내고 있다. 초기에는 우려를 표명하던 서양 국가들이, 시간이 지나면서 자신들이 실패한 방역을 한국이 '성공(어디까지나 잠정적인 성공)'했다는 데 놀라워하고 있기 때문이다.[●●●]

[●] 참여연대 외, 「코로나19 대응, 정보인권을 존중해야 한다」, 2020. 03. 26.

[●●] 오픈넷, 「코로나 바이러스 감염자 위치확인 및 격리대상자 위치감시, 인권원칙을 준수하며 시행하기를」, 2020. 04. 10.

[●●●] 윤중혁, "10분 내 확진자 동선 추적.. 세계가 주목한 코로나 역학조사 시스템", 《연합뉴스》, 2020. 04. 10., 구영식, "자가격리 프랑스 기자 '한국의 자가격리, 파시즘 아니다'", 《오마이뉴스》, 2020. 04. 03., 다니엘 튜더, "'서양 우월주의'가 무너지고 있다", 《동아일보》, 2020. 04. 11., 김용래, "한국의 방역이 사생활 침해라고? 프랑스 엘리트들의 오만", 《연합뉴스》, 2020. 04. 11.

독일의 주요 일간지 《디벨트Die Welt》는 팬데믹pandemic을 핑계로 "히스테릭한 파시스트 보건 국가"가 나타나고 있다는 헌법학자 한스위르겐 파피어Hans-Jürgen Papier의 비판을 보도한 바 있다. 또 프랑스 정부의 과학 자문위원인 감염병 학자 드니 말비Denis Malvy 박사는 "한국의 시스템은 극단적으로 사생활 침해적"이라며 "유럽 차원에서 이 방식을 허용할 수 있을지 모르겠다"라고 언급하기도 했다.

이에 대해 프랑스 시사 주간지 《르푸앙Le Point》의 한국 특파원인 제레미 앙드레Jérémy André는 2020년 4월 1일 자 기사에서 "한국은 민주주의 국가"여서 "임의적인 감금과는 다른 방식을 찾아야" 했고, 그 일환으로 "자가 격리 안전 보호" 앱을 이용했다고 설명한다. 앙드레는 묻는다. "이것이 오웰Georgy Orwell의 소설 속에 나오는 '빅브라더가 당신을 감시하고 있다'와 같단 말인가? 물론 격리자는 다행히도 감시를 받고 있다. 그런데 이 감시 시스템이 제 역할을 하고 있다." 한국은 사망자가 소수며 바이러스 확산세가 중단된 반면, 부유한 여러 다른 국가들은 계속해서 하루에 수백 명씩 사망자가 발생하고 있기 때문이다. 그는 이어서 "모든 사람을 감금하는" 것이 더 나은 거냐고 물음을 던진다. 한국과 달리 이른바 서양 민주주의 국가들은 결국 "대대적인 격리"를 하고 "마치 전쟁 중인 국가처럼 길거리에 검문소를 설치"할 수밖에 없었으니 말이다. 그가 내린 결론은 이렇다. "격리 조치와 감시가 인권 국가의 종말을 의미한다는 망상을 이제는 중지해야 한다. 공공 보건을 위해 격리된 개인을 감시하는 것은 파시즘으로 가는 길이 아니다. (중략) 이 모든 조처들이 그 어떤 전체주의와도 전혀 관계가 없으며, 인권이나 사생활 또는 자유로운 이동권을 침해하지도 않는다. 격리 조치를 따르고 전반적인 이동 금지를 준수하는 것은 이 비극적인 현재의 상황에서 단지 시민 정신의 실현일 뿐이다." 이를 부정하는 것은 팬데믹 상황 속에서의 현실도피요 정신 승리일 뿐이라는 것이다.

프랑스 양대 일간지 《르피가로 Le Figaro》의 도쿄 특파원 레지스 아르노 Régis Arnaud는 2020년 4월 9일 "한국의 방식에 대한 우리 의사결정권자들의 오만을 참을 수 없다"라는 제목의 칼럼을 냈다. 아르노 역시 사생활 침해 운운했던 프랑스 보건 당국이 결국은 전 국민 이동 제한령을 내렸다고 비판했다. 필수적 사유를 제외한 이동 및 여행 전면 금지, 약국과 식료품점 등 필수 업종을 제외한 모든 상점의 영업 중단 등 "국민의 기본권"까지 침해하는 조치를 내렸지만 감염병 확산을 막지 못했다는 것이다. 그는 "프랑스 엘리트들의 아시아 국가들에 대한 오만이라는 세균을 박멸하고 우리의 자유에 대해 더 고민할 기회가 됐다면 코로나바이러스가 조금이라도 유익했을 것"이라며, 프랑스가 취소한 선거를 한국은 잘 치르고 있다고 강조했다. 특히 2020년 4월 15일 총선 이후 전 세계 언론은 한국의 민주주의를 칭찬했다.

대니얼 튜더 Daniel Tudor 전 《이코노미스트 The Economist》 한국 특파원 또한 2020년 4월 11일 자 《동아일보》 투고에서 앙드레와 유사한 평가를 내린다. 그는 홉스 Thomas Hobbes가 말한 '리바이어던(절대 권력을 지닌 국가)' 형태와는 다른 새로운 '사회계약'이라는 관점에서 상황을 평가한다. 그 기본 구조는 "국가가 일정 수준의 보호를 제공하면 개개인 역시 그 대가로 국가에 일정 수준의 신뢰를 주는 것"으로, "국가가 국민의 신뢰를 남용하지 못하게 억제할 수 있을 만큼 충분히 민주적이고 투명한 계약"이라는 것이다. 반면 영어권 국가는 오래 쌓여온 "정부 불신" 때문에 최대한 국가의 간섭에서 벗어나려 애썼지만, 서양 사회의 그러한 사고방식은 지금과 같은 재난 앞에 무력할 뿐이라고 비판한다. 그의 결론은 이렇다. "성숙한 사회는 위기 속에서도 민주적이지만 동시에 단결력을 발휘한다."

국내 시민단체와 몇몇 서양 언론의 시각 차이는 어디에서 오는 걸까? 더욱이 국회의원 선거를 치렀다는 것만으로도 쏟아진 서양 국가들의 찬사는 무엇을 의미할까? 한국인은 스스로 감시 사회와 빅브라더를 걱정하는 반면, 서양은 한국의 보건 의료 시스템과 민주주의 저력에 찬사를 보내고 있으니, 뭔가 뒤집혔다는 생각이 들 정도다. 같은 상황을 두고 상반된 시각을 보이는 건 철학적으로 대단히 중요한 문제 상황이다. 이에 대해 좀 더 고찰하기 위해서는 특히 '국가(정부)의 역할'과 '인권'을 고려해야 한다.

┃ 인권 개념의 형성과
┃ 실천의 역사

인간의 권리, 즉 '인권Rights of Man, Droits de L'Homme'은 서양 근대가 형성되는 과정에서 최고의 가치로서 성취된 트로피와도 같다. 1776년 미국독립선언

("모든 사람은 평등하게 태어났으며, 조물주로부터 몇 개의 양도할 수 없는 권리를 부여받았다. 이 권리에는 생명, 자유, 행복 추구가 있다")과 1789년 프랑스혁명 인권선언("인간은 권리에 있어서 자유롭고 평등하게 태어나 생존한다. 사회적 차별은 공동 이익을 근거로 해서만 있을 수 있다") 등을 거치면서 정립된 '자유롭고 평등한 인간의 상호 존중'이라는 원칙은 1948년에 채택된 세계인권선언에도 그대로 이어지고 있다. "모든 인간은 태어날 때부터 자유로우며 그 존엄과 권리에 있어 동등하다. 인간은 천부적으로 이성과 양심을 부여받았으며 서로 형제애의 정신으로 행동하여야 한다." 이렇듯 서양 근대의 형성사는 곧 인권 정립의 역사다.

한편 이 역사는 왕, 교황, 제후 등 폭력적 권력에 대항하며 형성된 '시민-개인'의 해방과 독립 과정이기도 하다. 시민-개인은 처음에는 굉장히 좁은 범위에서만 인정되었는데(상류-남성-백인-성인), 300년 가까운 오랜 투쟁을 통해 점차 신분, 성별, 종교, 인종, 나이 등을 가로지르며 범위가 확산되었다(이 권리는 오늘날 동물과 생명 전체로 확장되어가고 있다). 요컨대, 서양 역사에서 인권은 피의 쟁취요 결코 유보할 수 없는 소유물이다. 인권의 반대편에는 항상 폭정(국가, 정부, 왕, 교황, 남성, 백인, 성인 등에 의한)이 전제되어 있다.

한국의 경우 사정이 좀 복잡하다.● '인권人權'은 말하자면 서양으로부터

● 야나부 아키라, 『번역어 성립 사정』, 서혜영 옮김, 일빛, 2003, 이정은, 「번역어 '인권'과 일본의 근대」, 《일본학연구》 제28집, 2009., 히구치 요이치, 『한 단어 사전, 인권』, 송성원 옮김, 푸른역사, 2013, 김재인, 「우리 사회에 '사회'가 있는가? – 서양 '사회' 관념의 국내 수용 과정 분석」, 《비교문화연구》 56, 2019.

느닷없이 출현한 개념이다. '인권'이라는 한자 개념이 문헌상 처음 등장한 것은 1868년 일본 법률 문헌(『泰西国法論』)에서지만, '권리權利'라는 용어의 의미조차 이해하기 힘들었던 당시 일본 지식인들은● 많은 논쟁을 거치면서 19세기 후반까지도 '인권'에 적절한 의미를 정해주지 못했다.

큰 틀에서 보면 일본과 별반 다르지 않았던 개화기 조선의 지식인들도 사정은 마찬가지였다(중국도 물론 그러했다). 아울러 '인권'이나 '권리'라는 개념과 뗄 수 없는 관계에 있는 '사회'나 '개인'이라는 개념도 개화기 조선에도, 식민지 시절에도, 나아가 해방 이후에도, 충분한 내포를 획득하지 못한 채 지금에 이르렀다. 오늘날 한국에서 인권은 여전히 채워 넣을 것이 많은 추상적 개념이다.

'인권'이 들어온 배경에는 힘에 의한 굴복을 시작으로, 그 힘의 원천인 서양 문명(사회제도, 과학기술, 학문 등)의 우수성을 인정할 수밖에 없는 상황과 가급적 빨리 서양 문물을 수용해야 했던 절박함이 있었다. 이런 상황에서 서양에서 일방적으로 수입해 온 '인권' 개념은 한국 사회와 역사의 특수성 속에서 구체적인 의미를 채워왔으며, 의미 생성 과정은 서양과는 다

● 야나부 아키라, 『번역어 성립 사정』, 서혜영 옮김, 일빛, 2003, pp.162–166. "여기서 '권權'이라는 한자로 된 말이 이 논리의 모순을 숨긴 채 괴상한 논리를 성립시키고 있다. 이 '권'에는 전래하는 뜻, 즉 힘이라는 뜻과 그 번역어로서의 right의 의미가 혼재하고 있다. '인민 각자'의 '권'은 후자고, '군주'가 맡는 '권'은 주로 전자의 의미다. 번역어 '권'은 이 양자의 혼재와 그 모순을 숨기고 있다. (중략) '민권'이라는 말에서의 '권' 역시 두 가지 의미가 혼재되어 있었다. (중략) 결국 일본인들에게 비교적 쉽게 이해됐던 '권'은 right라기보다는 오히려 힘이라는 뜻이었다. (중략) right라든가 '통의通義'가 도덕적인 올바름에 가까운 것이라고 하면, 이 한 글자 표현인 '권'에는 어딘가 힘껏 밀어붙이는 느낌, 그러한 어감이 씻어지질 않는다."

른 경로를 따랐다. 한국에서 '인권' 개념을 구체화하는 과정에서 큰 역할을 한 것은 독재적인 공권력을 비롯한 권위주의적인 부문별 권력(재벌, 기득권 언론, 지역 토호, 남성 기득권 등)에 대항한 투쟁이었다. 오늘날 한국에서 인권이 무엇인지에 대한 답변은 구체적 사례와 함께할 수밖에 없다. 방역 상황에서 잦은 충돌을 빚고 있는 '프라이버시'와 '안전'이라는 가치의 갈등도 이 맥락에서 재해석되어야 한다.

  한국에서 인권 개념은 서양과 같은 의미가 아니다. 이런 단언은 '보편성'이라는 기준을 놓고 보면 부당하게 보인다. 여기와 저기에서 인권이 다른 뜻이라면, '인권 보호'나 '인권 신장'이란 말은 성립되지 않는 것일까? 인권은 상대주의적 개념에 불과하고, 시기와 장소마다 달라지는 잣대인가? 인권은 때로는 보호해야 하지만 또 때로는 양보할 수도 있는 개념인가? 길고 격한 논란이 예상되는 물음들 앞에서 다른 길을 찾아볼 수도 있을 것 같다.●

● 들뢰즈와 과타리는 "인권이 우리로 하여금 자본주의를 찬양하게 하도록 하지는 않을" 것이라면서도, "인권은 공리이며, 인권에 모순되는 것은 물론이요 인권을 무시하거나 인권을 유예하는 다른 공리들과, 시장에서, 특히 소유권 안전 위에서 공존할 수 있다"라고 비평한다. "인간의 권리들(les droits de l'homme, 인권)은 권리들을 부여받은 인간(homme pourvu de droits)의 내재적 실존 양태들에 대해 말해주는 바가 없다." 요컨대 인권은 추상적 개념이며, 구체적 현실에서 실현되어야만 의미를 갖는다. Gilles Deleuze & Félix Guattari, *Qu'est-ce que la philosophie?*, Minuit, 1991, p.103.

인권 보호를 위한 기술적 돌파의
가능성과 한계

정부에 대한 불신에 기초해서 '암호 기술'을 바탕으로 사생활도 보호하면서 감염자 동선도 추적하는 시스템을 기술적으로 구현하는 시도들이 이어지고 있다.[●] 이 시스템의 공통점은 "①감염자의 동선은 추적하되 개인의 익명성은 보장하며 ②실내에서 특히 정확도가 떨어지는 GPS 위치 정보 대신 스마트폰의 블루투스Bluetooth(정확히는 BLEBluetooth Low Energy) 무선통신 기술을 활용하고 ③최대한 단순하게 설계함으로써 구현을 쉽고 용이하게 하며 ④사용자가 더 이상 원하지 않거나 팬데믹 상황이 종료되면 언제든 기능을 끌 수 있게 만들었다는 것"이다. 대표적으로 애플과 구글이 협력해서 스마트폰으로 이런 장치를 구현하겠다고 발표하기도 했다.

이에 대해 전문가들은 우려의 목소리를 보냈다. 보안 전문가인 로스 앤더슨Ross Anderson 케임브리지대학 교수나 브루스 슈나이어Bruce Schneier 하버드대학 교수 등은 "현실과 이론은 다르다"라면서 "실제 환경에서는 애플과 구글이 개발한 앱이 계획처럼 잘 동작하지 않을 것"이라고 말한다. 또 세르주 보드네Serge Vaudenay 로잔공과대학 교수는 "발표된 기술들 또한 프라이버시 침해 가능성이 있다"라고 우려한다. 해커이자 개발자인 목시 말린스파

● 김승주, "무조건적인 프라이버시 보호, 과연 옳은 것일까?", 《디스트리트》, 2020. 03. 31., 김승주, "코로나19 사태로 본 공공의 알권리와 개인 프라이버시의 충돌", 《디스트리트》, 2020. 04. 17., 임유경, "애플·구글, 사생활 침해 없이 '코로나19 추적' 성공할까", 《지디넷코리아》, 2020. 04. 13.

이크Moxie Marlinspike는 "사생활이 보호되는 시점은 확진자라는 사실을 보고하기 전까지"고 "확진자라는 사실을 보고한 이후 이전 기간의 모든 블루투스 맥 어드레스MAC address의 상관관계가 밝혀질 수 있다"라며 사생활 침해 요소가 있다고 지적했다.

감염 사실을 허위로 보고하는 경우를 막을 방법이 없다는 점도 문제다. 특정 장소를 반복해서 방문한 후 악의로 가짜 사실을 보고해서 그곳을 방문한 사람들이 감염 위험에 노출됐다고 생각하게 만들 수 있다. 블루투스 자체에 다양한 보안 결함이 있을 가능성도 배제할 수 없다. 미국 시민자유연맹ACLU은 "모든 확진자 접촉 추적 앱은 이용자들이 자발적으로 채택하는 방식으로 도입돼야 하며 오직 이 팬데믹 기간에만 공중 보건 목적으로 사용돼야 한다"라며 경계심을 감추지 않았다. 아무리 기술적으로 뛰어나더라도 보안과 신뢰가 확보되지 않으면 무용지물이다. 게다가 애플과 구글을 정부보다 더 신뢰할 수 있다는 법도 없다.

2.2
감염병이라는 문제의 특수성과 구체성

들뢰즈와 과타리는 감염병이 단순한 현상이 아니라 거의 모든 것이 얽혀 있
는 현상임을 진작에 간파했다.

> 그런데 잠깐. 패거리나 무리로서의 동물이라는 건 무슨 뜻이지? 패거리
> 는 특정한 성격들의 재생산으로 귀착되는 혈연을 함축하고 있지 않나?
> 혈연이나 유전적 생산이 없는 서식, 전파, 생성을 어떻게 착상할 수 있
> 지? 통일된 조상이 없는 다양체는? 그것은 아주 단순하며 누구나 다 알
> 고 있지만, 사람들은 비밀리에 말할 뿐이다. 우리들은 전염병과 혈연을,
> 감염과 유전을, 감염에 의한 서식과 유성생식이나 성적 생산을 대립시킨
> 다. 인간 패거리이건 동물 패거리이건 하여간 패거리들은 모두 감염, 전
> 염병, 전쟁터, 파국과 더불어 증식한다. 이들은 자신을 재생산하지는 않
> 을 테지만 그러나 매번 다시 시작하며 영토를 얻는 성적 결합에서 태어
> 난, 그 스스로는 생식 능력이 없는 잡종과도 같다. 반자연적 관여, 반자
> 연적 결혼은 모든 계界를 가로지르는 참된 "자연"이다. 전염병이나 감
> 염에 의한 전파는 유전에 의한 혈연과 아무런 관계도 없다. 이 두 주제

가 서로 섞이고 서로 상대를 필요로 하지만 말이다. 흡혈귀는 자손을 낳지 않고 감염시킨다. 차이가 있다면, 감염이나 전염병은 예컨대 인간, 동물, 박테리아, 바이러스, 분자, 미생물 등 완전히 이종적인 항들을 작동시킨다는 점이다. 또는 송로松露의 경우처럼, 나무와 파리 그리고 돼지가 있다. 발생적이지도 구조적이지도 않은 조합들, 모든 계의 교류, 반자연적 관여들. 하지만 "자연"은 이런 식으로만, 자신에 반해서만 진행한다. 우리는 혈연적 생산이나 유전적 재생산과는 거리가 멀다. 거기에서는 같은 종 내에서의 단순한 양성 구분과 여러 세대에 걸친 작은 변화만이 차이로서 유지될 뿐이다. 이와 반대로 우리에겐, 공생하는 항만큼 많은 성들이 있으며, 감염 과정에 개입하는 요소만큼 많은 차이들이 있다. 우리는 많은 것들이 남성과 여성 사이를 지나간다는 것을 알고 있다. 그것들은 바람을 타고 다른 세계에서 오며, 뿌리들 주변에서 리좀을 만들고, 생산이 아닌 오직 생성의 견지에서만 이해될 수 있다. "우주"는 혈연에 의해 기능하지 않는다. 따라서 우리는, 동물은 무리이며, 무리는 감염에 의해 형성되고 발전하며 변형된다고 말할 따름이다.[•]

감염병이 단순한 현상이 아니라면 우리는 세계를 휩쓰는 이 감염병을 어떻게 바라봐야 할까? 먼저 우리가 당면한 문제의 특수성과 구체성 속에

● Gilles Deleuze & Félix Guattari, *Mille Plateaux*, 1980, pp.295-296. 한국어판은 『천 개의 고원』(김재인 옮김, 새물결, 2001).

2장 새로운 거버넌스의 맹아   57

서 출발하는 것이 좋을 것 같다. 코로나19는 과학과 행정의 문제다. 감염을 예방하고 확산을 방지하며 희생자를 줄이기 위해서는 이 바이러스를 잘 알아야 한다. 하지만 미지의 병원病源을 앞에 두고 인간은 확인된 증거에 따라서 추측과 추측의 개정을 반복하는 것이 최선이다. 코로나19 상황에서 한국 방역 당국이 대응 매뉴얼을 지속해서 갱신한 것이 대표적 사례다. 목표는 분명하다. 미지의 적에 맞서 인류를 보호하라.

이런 종류의 문제는 인류 역사에서 매우 드물게 나타난다. 우선 코로나19는 역사상 최초로 일부 지역에 국한되지 않고 전 지구를 범위로 한다. 인간 누구도 자유로울 수 없다. 비슷한 유형의 문제로 인공지능과 기후위기 정도를 더 꼽을 수 있다. 과거에는 이런 사건이 없었다. 또한 코로나19는 대단히 빠르다. 인류는 감염과 죽음과 파괴를 거의 실시간으로 동시에 목격하고 있다. 가령 과거 한국인은 9·11테러나 미국의 이라크 침공을 남의 동네 불구경하듯 지켜볼 수 있었지만, 코로나19는 바로 옆집에서 불난 상황과도 같다. 이동 제한은 몸을 가두고, 경제활동 중지는 삶을 옥죄어 온다. 모든 인간이 당사자가 되어 이 상황을 겪고 있다. 누구도 관찰자로 머무르지 못한다. 지구는 하나의 세계임을 깨닫도록 강제되며, 열외 없이 누구라도 다른 누군가와 엮여 있음이 확인되고 있다. 인간뿐 아니라 비인간 존재도 모두 지구라는 하나의 공동체, 하나의 배치체를 이루고 있는 것이다.

시민건강연구소의 김명희 예방의학 전문의는 말한다.● 2014년 4월 16일, 세월호 참사는 "각자도생各自圖生", 즉 "위험한 순간에 가만히 있으라는 지시를 따르고 차분히 구조의 차례를 기다려서는 살아남을 수 없다"라는 잔인한 교훈을 우리에게 주었다. 국가와 사회는 믿을 수 없고, 어떻게든 혼자 살아남아야 한다. 하지만 그로부터 1년 뒤 메르스 사태는 "인간 사회에서 각자도생이란 불가능하다"라는 또 다른 가르침을 주었다. 혼자서 아무리 조심해도 "'감염'이라는 상호작용의 소용돌이"에서 빠져나갈 길은 없었다. 코로나19 역시 메르스 사태의 반복이며 연장이다.

감염병의 가장 중요한 특징은, 아무리 재수 없다고 생각될지라도 나도 남에게 감염될 수 있고, 아무리 선의를 갖고 있더라도 남을 감염할 수 있다는 '예상 불가능한 우발성'이다. 잘해보려는 마음가짐도, 하늘까지 뻗치는 믿음도, 코로나바이러스라는 과학적 진실 앞에서는 무력하기 그지없다.

우리는 모두 엮여 있고 얽혀 있다. 신천지 이후 또 다른 대규모 감염이 일어났던 이태원 클럽 사건을 보라. 사회적 거리두기 방침의 완화를 앞두고 젊은이들이 춤추러 갈 수도 있지 않느냐는 항변도 있었다. 그 후로도 유사한 일이 반복되고 있는데, 문제는 초점이 '자유'에 맞춰지면 안 된다는 것이다. 이는 마치 사방에 화약이 뿌려져 있지만 불씨를 운반하는 건 자유의 문제라고 오도하는 것과도 같다. 자유는 개인의 문제가 아니라 영

● 김명희, "인권으로 함께 헤쳐 나가는 공중보건 위기", 국가인권위원회 웹진 《인권》, 2020년 1월호.

토의 문제다. 영토가 망가지면 개인의 자유도 없다.

무인도에 홀로 떨어져 살아가는 존재가 아닌 이상 남과 직간접적인 접촉을 피할 수 없으며, 정당하지 않은 강압적 자유 제한은 정부의 도덕적 정당성을 해칠 뿐 아니라 정부에 대한 신뢰를 떨어뜨린다. 정부에 대한 불신은 대중의 협조를 끌어내지 못할 것이고 결국 감염 확산을 막지 못할 것이다. 감염병 유행이라는 공중 보건 위기를 '함께' 헤쳐나가기 위해서는 동료 인간에 대한 존중과 연대, 호혜성이 요구된다.

왜인가? 시민건강연구소는 이렇게 논평한다.● "①내가 다른 사람에게 병을 옮기는 감염원일 수도 있다(무증상 감염이 많다고 하지 않는가). ②'나는 걸려도 괜찮다' 또는 '나만 지키면 된다'가 아니라 다른 사람과 사회 전체가 더 안전해야 한다." 코로나19를 비롯한 모든 감염병은 지구 안에서 개인이 원인이자 결과일 수 있으며 피해자이자 가해자일 수 있음을 노골적으로 폭로했다. '함께'는 선택이 아니라 명령이다. 이를 '개인 보호 대 사회 보호'라는 단순 이분법으로 여기지 말아야 한다. "이타적 가치를 강조하는 것처럼 보이지만, 감염병(그리고 팬데믹)의 특성상 돌고 돌아 나를 지키고 돕는 길이기도 하다. 온 사회(다른 나라까지)가 건강하지 않으면 '끝나도 끝난 것이 아니다'. 협력과 연대는 그저 바람직한 것이 아니라 필수다." 구성원 모두에게 거의 동시에 현명한 판단을 유발한 건 공포와 안전의 느낌이다.

● 시민건강연구소, "시민의 연대가 필요한 시기", 2020. 04. 06., 시민건강연구소, "제2, 제3의 코로나도 '민주적 공공성'이 관건이다", 2020. 04. 13.

이는 민주주의의 진보와 새로운 거버넌스를 위한 소중한 출발점이다.

김창엽 시민건강연구소장은 "바이러스는 생물학적인 것이지만 감염병과 그 대책은 사회적인 것"이라며 "전체 사회 구성원의 역량이 동원되어야 하는 방역에서 시민 참여형 방역은 필수적이고 불가피하다"라고 주장한다.[●] 아무도 정확한 답을 모르는 불확실한 감염병에 대응하기 위해서는 성숙한 시민의 역할이 중요하다. "실제 모든 시민 한 명 한 명이 방역 주체다." 이런 시민들이 공론장에서 구체적인 문제에 대해 매번 의사 결정을 해야 한다. 초·중·고 개학 문제만 놓고 보더라도, 구체적 여건이 모두 다를 수밖에 없기 때문이다. 김 교수는 "공론화는 구성원들로부터 실천할 수 있는 아이디어를 모으고 집단과 개인의 역량을 향상시키는 과정"이라면서, 우리 사회 "풀뿌리 민주주의의 역량"이 발전해야 구체적 문제에 대한 대처가 실행될 수 있다고 강조한다.

이런 실천은 새로운 거버넌스의 핵심을 이룬다. 정부가 의사결정의 투명성, 솔직한 소통, 신속한 대안 마련 등을 통해 시민들과 새로운 거버넌스의 실험을 함께 하고 있는 점도 눈여겨볼 대목이다. 지금의 상황을 단순한 근대 대의민주주의로 해석하기보다는 기술, 통신, 방송, 소셜미디어를 통한 준-직접민주주의라고 볼 수도 있는 게 아닐까? 이는 민주주의의 새로운 국면을 암시하는 것일지도 모른다.

● 박채영, "[긴급진단. 전문가 인터뷰] ③김창엽 서울대 보건대학원 교수 "감염병은 시민참여형 방역 필수… 개학 문제도 공론화를"", 《경향신문》, 2020. 04. 03.

2.3
새로운 거버넌스와 민족의 발명

외국에서는 한국의 방역이 성공할 수 있었던 요인으로 4T, 즉 진단^{Test}, 추적^{Trace}, 치료^{Treat}, 투명^{Transparency}을 꼽는다. 여기에 꼭 덧붙여야 할 T가 하나 더 있으니 바로 신뢰^{Trust}다. 이 신뢰는 현 정부에 대한 국민의 신뢰이자 국민에 대한 현 정부의 신뢰, 나아가 각 개인과 개인 사이의 신뢰기도 하다. 즉, 다양한 층위에서 작동하는 상호 신뢰다. 한국 방역은 '과학'과 '신뢰'에 기반을 두었기에 잘 작동하고 있는 것이다.

앞에서 보았듯 기술과 사기업에 의존해서 문제를 해결하기도 곤란하다. 신뢰란 상호작용의 역사 속에서 형성된다. '믿었더니 통하더라, 안심하고 믿어도 좋더라'라는 경험을 축적하는 것이다. 물론 능숙한 사기꾼은 오랜 신뢰를 구축한 후 '한 방에' 속이기도 한다. 하지만 사기 칠 유인이 없다면 굳이 사기 칠 일도 없을 것이며, 의사 결정 과정이 투명하게 공개되는 상황에서는 사기 칠 기회도 마련되기 어려울 것이다. 나아가 국민이 정부를 선택하고 만들어가는 것이 현재의 민주주의 수준이다. 상호 신뢰의 확보는 거버넌스의 토대가 되며, 신뢰 가능한 영토를 만드는 것이 현재 우리의 과제다.

대한민국은 세월호 참사와 메르스 사태를 겪고 촛불혁명을 이루어내면서 지금에 이르렀다. 그런 과정에서 과학과 신뢰라는 자원을 갖게 된 것이기도 하다. 더욱이 민주주의, 투명성과 상호 신뢰, 협력과 연대 말고 코로나19라는 지구적 재앙에 대응할 다른 수단도 없다. 일정한 인구 규모 이상의 국가 중에서 도시 봉쇄(셧다운shutdow, 락다운lockdown) 없이 잘 대처하고 있는 국가는 한국이 유일하다. 우리는 이 상황에서 미래 사회를 어떻게 구성해갈지 힌트를 찾아야 한다.

새로운 거버넌스의 문제는 베네딕트 앤더슨Benedict Anderson이 말하는 '민족'의 관점에서 해석될 수 있을 것 같다. 그는 『상상된 공동체: 민족주의의 기원과 보급에 대한 고찰』*이라는, 어찌 보면 예언적이기도 한 책에서, 민족의 탈근대성을 주장한다. 앤더슨은 훗날 자신의 작업에 대해 "마르크스주의적 근대주의와 아직 자라나던 중이던 탈근대주의가 결혼했던 셈"이라고 회고했는데,** 이 말은 그 자신이 생각했던 것보다 깊은 의미를 갖는 것으로 보인다.

앤더슨은 당시 끈질기게 관찰되던 민족주의라는 이상 현상anomaly에 대해 마르크스주의와 자유주의, 나아가 보수주의까지도 전혀 설명하지 못하는 상황을 개탄하면서, "코페르니쿠스의 정신으로" 관점을 전환해야 한

● 베네딕트 앤더슨, 『상상된 공동체: 민족주의의 기원과 보급에 대한 고찰』, 서지원 옮김, 도서출판길, 2018.

●● 같은 책, p.332.

다고 주장한다. 그에 따르면 "민족됨^{nation-ness}은 실로 우리 시대의 정치적 삶에서 가장 보편적으로 정당성을 띠는 가치"다. 앤더슨에 따르면 민족의 특징은 네 가지다. 상상, 제한성, 주권, 공동체. "민족은 상상된 정치적 공동체로서, 본성적으로 제한적이며 주권을 지닌 것으로 상상된다."●

이 정의에서 가장 오해가 많은 개념인 '상상'은 '허위'나 '날조'라는 의미가 전혀 아니며, 오히려 '발명'과 '창조'라는 의미다. 앤더슨은 그 점에 대해 이렇게 강조한다. "사실 대면 접촉으로 이루어진 원초적인 촌락보다 (어쩌면 이것마저도) 큰 공동체는 전부 상상된 것이다. 그러므로 공동체는 가짜인지 진짜인지가 아니라, 어떠한 스타일로 상상되었는지를 기준으로 구별해야 한다."●● 한편 '제한성'이란 민족이 유한한 규모고, 그 너머에는 다른 민족이 있다는 식으로 상상된다는 점을 뜻한다. 또한 '주권'은 민족의 독립성과 자유를 표상한다. 끝으로 민족은 공동체로 상상되며, 언제나 "수평적 동지애"의 모습으로 그려진다. 요컨대 민족은 외부 관찰자들이 정해놓은 기준에 따라 판정되는 것이 아니며, 운명 공동체로서 "민족 구성원들의 수평적인 동지애 위에 세워진, 주권을 가진 정치 공동체를 향한 '상상'이라는 정치적 행위"●●●인 것이다.

● 같은 책, p.25.

●● 같은 책, pp.26–27.

●●● 같은 책, p.351. 공동체 혹은 민족을 둘러싼 더 최근의 논의에 대해서는 『공동체의 이론들』(하르트무트 로자·라스 게르텐바흐·헤닝 라욱스·다비트 슈트레커, 곽노완·한상원 옮김, 라움, 2017)의 3장을 참조.

앤더슨보다 딱 100년 전에 니체는 민족을 참칭하는 국가를 격하게 비판한 바 있다. 민족은 가치 공동체인 반면, 국가는 몰가치적 우상이라는 것이다. 니체는 당대의 독일 국가가 훗날 히틀러의 국가사회주의(나치즘)로 실현될 것을 곳곳에서 예언하기까지 했다.

국가는 온갖 차가운 괴물 중에서 가장 차가운 괴물을 일컫는다. 그 괴물은 거짓말도 차갑게 한다. 그리하여 괴물의 입에서는 거짓말이 기어나온다. "나, 국가가 곧 민족이다."

그것은 거짓말이다. 민족들을 창조하고 민족들 위에 하나의 믿음과 하나의 사랑을 걸어놓은 것은 창조자들이었다. 그들은 이렇게 삶에 기여했다. (중략)

나는 너희에게 이런 기호를 주겠다. 각 민족은 선과 악에 대해 자신의 혀로 말하며, 이웃은 알아듣지 못한다. 각 민족은 자신의 언어로 풍습과 법을 발명했으니.

하지만 국가는 선과 악에 대해 모두의 혀로 거짓말한다. 국가가 무엇을 말하건, 그것은 거짓말이며, 국가가 무엇을 가졌건, 그것은 훔친 것이다. (중략)

큰 영혼들에겐 아직도 대지가 열려 있다. 홀로 고독한 자와 둘로 고독한 자에게는 주위에 고요한 바다 내음이 감도는 자리가 아직 많이 비어 있다.

큰 영혼들에겐 아직 자유로운 삶이 열려 있다. 실로, 적게 소유한 자는

그만큼 적게 흘린다. 작은 가난에 축복 있으라!●

한편 앤더슨의 논의에서 더 흥미로운 것은, 민족의 구성이 식민주의에 대한 응전으로 생겨났다는 점이다. 아메리카 남쪽과 북쪽의 식민지에서 자신들이 꿈꾸는 사회를 건설하고자 하는 바람이 최초의 민족들을 형성한 원동력이었다. 이는 계몽주의 이후 많은 서양 근대 사상가들이 놓치고 있던 논점이기도 하다. 민족이 탈식민주의 운동의 산물이라는 점은 민족의 탈근대성을 역설적으로 증명하는 것으로 보인다.

● Friedrich Nietzsche, *Also Sprach Zarathustra*, "Vom neuen Götzen". 인용은 전집에서.

뉴노멀의 철학

2.4
식민주의와 서양 근대의 가치들

서양 근대의 바탕에는 식민주의가 있었으며, 근대 자유주의 사상이 발명한 가치들은 식민주의와 충돌하지 않는 한에서만 유효했다. 자유, 평등, 박애, 소유 등의 가치는 '인간' 사이에서만 성립했는데, 식민주의에서 '인간'의 자격은 아주 제한적이었다. 이를 잘 보여주는 자료가 대니얼 디포^{Daniel Defoe}의 유명한 소설 『로빈슨 크루소』(1719)다. 이 책의 원제목은 다음과 같다. "조난을 당해 모든 선원이 사망하고 자신은 아메리카 연안 오리노코강 하구 근처 무인도에서 스물하고도 여덟 해 동안 완전히 홀로 살다가 마침내 어떻게 기이하게 해적선에 의해 구출되었는지에 대한 설명을 담고 있는, 요크 출신 뱃사람 로빈슨 크루소의 삶과 기이하고도 놀라운 모험". ● 다들 알고 있는 것처럼 로빈슨은 원주민 프라이데이와 오랜 기간 함께 지냈지만, '완전히 홀로^{all alone}' 살았다고 진술되고 있다. 식민지 원

● The Life and Strange Surprizing Adventures of Robinson Crusoe, Of York, Mariner: Who lived Eight and Twenty Years, all alone in an un-inhabited Island on the Coast of America, near the Mouth of the Great River of Oroonoque; Having been cast on Shore by Shipwreck, wherein all the Men perished but himself. With An Account how he was at last as strangely deliver'd by Pyrates.

주민이나 이방인뿐 아니라 하층민, 여성, 아이, 유색인도 인간의 범위에서 제외되어 있던 건 물론이다.

일찍이 민족주의자로 알려진 신채호는 "제국주의와 민족주의"●라는 《대한매일신보》1909년 5월 28일 자 논설에서 제국주의를 "영토와 국권을 확장하는 주의"로, 민족주의를 "타민족의 간섭을 수용하지 않는(不受) 주의"로 규정하면서, 제국주의에 저항하는 방법을 자문한다. 왜냐하면 당대에는 '내가 타인을 간섭치 아니하고 타인도 나를 간섭치 못한다'라는 먼로주의가 패배하고 모든 열강이 제국주의를 숭배하고 제국주의에 굴복하던 시절이었기 때문이다. 신채호는 "민족주의를 떨치는 것(奮揮)"에서 답을 찾으면서, "민족을 보전하고자 하는 자가 이(此) 민족주의를 버리고(捨) 무엇(何)을 마땅히 취하겠느냐(當取)"라고 역설한다. 제국주의는 "민족주의가 박약한 나라(國)"에만 침입한다는 것이다. 신채호는 "내 민족(我族)의 나라는 내 민족이 주장한다"라는 구호를 호신을 위한 부적으로 삼아 민족을 보존해야 한다고 결론짓는다. 이 논설을 보면 '민족'과 '민족주의'가 제국주의와 식민주의에 대한 저항의 발로라는 것을 확인할 수 있다.

사실 'nation'의 번역어 중 하나인 '민족'은 1888년 일본에서 처음 사용되었으나 그 후로 별로 쓰이지 않았던 데 반해, 조선에서는 비교적 늦은 1907년 8월 27일 자《대한매일신보》에 처음 등장한 이래 이듬해부터 사

● 신용하 편, 「민족이론」, 문학과지성사, 1985, 재수록

뉴노멀의 철학

용 빈도가 증가했다.● 요컨대 오늘날 우리가 오해하고 있는 것과는 달리, 민족은 번역어로서 발명된 개념이며, 식민주의에 저항하기 위해 필요했던 독특한 한국어 개념이다.●●

같은 맥락이 될 텐데, 일본 식민주의의 현재성을 통해서도 유사한 문제를 드러낼 수 있다. 독도를 포함한 한반도를 식민 통치했던 일본이 지금도 독도 영유권을 주장하는 건 식민주의의 연장일 뿐, 여타 아무 정당성도 없다. 이에 대해 노무현 대통령은 2006년 4월 25일, 독도 관련 담화문에서 간명하게 논증한 바 있다.

> 독도는 우리 땅입니다. 그냥 우리 땅이 아니라 40년 통한의 역사가 뚜렷하게 새겨져 있는 역사의 땅입니다. 독도는 일본의 한반도 침탈 과정에서 가장 먼저 병탄되었던 우리 땅입니다. (중략) 지금 일본이 독도에 대한 권리를 주장하는 것은 제국주의 침략전쟁에 의한 점령지 권리, 나아가서는 과거 식민지 영토권을 주장하는 것입니다. 이것은 한국의 완전한 해

● 이 점과 관련해서 '민족'을 부정적으로 평가하려는 의도로 작성된 배진영 기자의 추적 기사("'민족' 어떻게 만들어져 어떻게 쓰이고(惡用되고) 있는가", 《월간조선》, 2004년 9월 호)와 이에 맞서 '민족'을 긍정하려는 민경우(통일연대 전 사무처장)의 반론은 매우 흥미롭게도 중요한 논점 두 가지를 놓치고 있다. 하나는 '민족民族'은 'nation'의 세 번역어 중 하나(다른 둘은 '국가國家'와 '국민國民')였을 뿐, 전부터 실체가 있는 용어가 아니었다는 점이며, 둘째는 '민족' 또는 '민족주의'가 제국주의와 식민 침탈에 맞선 저항적 개념으로 발견되고 동원되었다는 점이다. 일본이 '민족' 개념을 사용하지 않은 이유는 이 맥락에서 추정 가능하다.

●● '족族'의 어원도 흥미롭다. '㫃(나부낄 언)' 자는 깃발이 나부끼는 모습을 그린 것으로 '나부끼다' 혹은 '깃발'이라는 뜻이며, 여기에 '矢(화살 시)' 자가 결합한 '族(겨레 족)' 자는 하나의 공동체를 표현한 것이다. 전쟁이 나면 한 깃발 아래 같은 공동체가 활을 들고 싸운다는 뜻이다. 이 점에서 '민족'이라는 번역어는 저항적 탈식민주의를 표현하기에 적합하다고 평가할 수 있다.

방과 독립을 부정하는 행위입니다. (중략) 우리 국민에게 독도는 완전한 주권 회복의 상징입니다.

이 문제는 서양 제국주의 국가들이 식민 지배 동안 점유했고 아직도 점유하고 있는 식민지들의 모든 유형무형의 자산의 경우를 보더라도 마찬가지다. 서양 국가들은 아직도 식민 지배의 유산을 원상 복구할 의지가 전혀 없다. 전후 독일의 사과와 배상은 얻어냈지만, 그건 승전국의 잔치일 뿐이었다. 정작 승전국 자신은 식민주의를 예전 상태로 되돌릴 생각이 전혀 없다. 이런 식민주의의 바탕 위에 성립한 서양 근대의 가치들과 권리들이 과연 일마니 유효한 것인지는 철저하게 따져보고 걸러내야 한다. 근대 시기 식민주의를 반박하지 않는 가치들만이 살아남을 수 있었기 때문이다. 이 점에서 탈근대는 탈식민주의를 함축한다.

물론 그렇다고 해서 서양 근대가 발명한 가치들이 모두 무효라는 뜻은 아니다. 따지고 걸러서 남는 것은 취하면 된다. 그러나 서양 근대의 가치들이 '누구'와 싸우면서 '무엇'을 지키려 했는지 분명히 밝히는 것은 매우 중요하다. 모든 가치는 항상 뭔가를 건 투쟁의 산물이기 때문이다. 하늘에서 뚝 떨어진 선험적 가치, 자연적 가치란 없다. 모든 가치는 역사의 자식이다. 그런데 서양 근대는 적어도 정당화 담론에 있어서는 '허구'를 통해 역사를 만들어냈다. 그 허구의 핵심에 있는 것이 '계약론'이다. 계약론에 대해서는 3장에서 다룰 예정이다.

2.5
문화 강국론와 세계시민주의

계약론을 비판적으로 검토하기 전에, 일찍이 김구에 의해 주장된 민족 이론을 살피고 가려고 한다. 김구의 「나의 소원」에 담긴 문화 강국론은 현시점에서 대한민국이 지향해야 할 바를 잘 담아내고 있다.[●]

김구는 '세계시민주의'가 이상이라고 인정하면서도 현실에서는 각 민족이 국가를 형성해서 서로 협력하는 것이 최선이라고 주장한다.[●●] 따라서 우리가 자주독립 국가를 세우고 보편적인 문화와 사상을 만들어 국내에 실현하는 일이 우선적인 과제라는 것이다. 한마디로 우리 민족이 보편을 먼저 구현하고 세계가 모델로 삼을 수 있게 하자는 제안이다.

세계시민주의는 오랫동안 추구되었던 인류의 이상이다. 일찍이 서양 근대가 형성되던 시기에 칸트Immanuel Kant는 「세계 시민적 관점에서 본 보편

● 김구·도진순, 「백범일지」, 돌베개, 2002.

●● "세계 인류가 네오 내오 없이 한 집이 되어 사는 것은 좋은 일이요, 인류의 최고요 최후인 희망希望이요 이상理想이다. 그러나 이것은 멀고 먼 장래에 바랄 것이요, 현실의 일은 아니다. 사해 동포四海同胞의 크고 아름다운 목표를 향하여 인류가 향상하고 전진하는 노력을 하는 것은 좋은 일이요 마땅히 할 일이나, 이것도 현실을 떠나서는 안 되는 일이니. 현실의 진리는 민족마다 최선最善의 국가國家를 이루고 최선의 문화文化를 낳아 길러서, 다른 민족과 서로 바꾸고 서로 돕는 일이다. 이것이 내가 믿고 있는 민주주의民主主義요, 이것이 인류의 현 단계에서는 가장 확실한 진리다.'

사의 이념」(1784)[*]에서 유사한 논의를 펼친 바 있다. 갈등과 전쟁을 반복했던 당대 유럽의 정치 상황 속에서 칸트는 이렇게 주장했다. "자연이 인간으로 하여금 그 해결을 강요하는 인류의 가장 큰 문제는 보편적으로 법이 지배하는 시민사회의 건설이다. (중략) 이 문제는 가장 어려운 문제이면서 동시에 인류에 의해 가장 나중에 해결될 문제다. (중략) 완전한 시민적 정치체제를 수립하는 문제는 합법적인 국제 관계의 문제에 의존하며, 이 후자의 해결 없이는 해결될 수 없다." 개별 국가가 평화롭고 독립적으로 시민사회를 건설하기 위해서는 무엇보다 국가 간 전쟁이 없어야 한다고 칸트는 생각했던 것이다. 이 생각은 더 뒤에 쓴 『영구 평화론: 하나의 철학적 기획』(1795)[**]에서 연방주의 원리에 입각한 평화 연맹으로서 모든 전쟁을 종식하고 모든 국가의 자유를 보장하는 것을 목적으로 삼는 "국제연맹Völkerbund"으로 구체화되었으며, 이는 오늘날 국제연합의 기초가 되었다.

칸트의 이런 생각은 여전히 이상에 불과하다. 오늘날 군사적·경제적 힘에 의한 패권주의는 그 어느 때보다 심각하며, 극심한 분열과 혐오가 지구를 가로지르고 있다. 그렇다면 하나의 국가로서 한국은 어떤 입장을 취하는 것이 좋을까? 김구는 "세계를 무력武力으로 정복征服하거나 경제력經濟力

● 이마누엘 칸트, 『칸트의 역사철학』, 이한구 편역, 서광사, 1992.

●● 이마누엘 칸트, 『영구 평화론: 하나의 철학적 기획』(개정판), 이한구 옮김, 서광사, 2008.

으로 지배支配하려는 것이 아니"라 "오직 사랑의 문화, 평화의 문화로 우리 스스로 잘 살고 인류 전체가 의좋게, 즐겁게 살도록 하"려는 것이라고 말한다. 물론 생활을 풍족히 할 만큼의 경제력과 남의 침략을 막을 만큼의 군사력은 그 일을 하기 위한 필수 전제다. 내가 평가하기에 세계 시민주의 사상을 표현한 가장 아름다운 구절 중 하나가 이렇게 해서 펼쳐진다.

> 나는 우리나라가 세계에서 가장 아름다운 나라가 되기를 원한다. 가장 부강한 나라가 되기를 원하는 것은 아니다. 내가 남의 침략에 가슴이 아팠으니 내 나라가 남을 침략하는 것을 원치 아니한다. 우리의 부력富力은 우리의 생활을 풍족히 할 만하고 우리의 강력强力은 남의 침략을 막을 만하면 족하다.
>
> 오직 한없이 가지고 싶은 것은 높은 문화의 힘이다. 문화의 힘은 우리 자신을 행복하게 하고 나아가서 남에게 행복을 주겠기 때문이다.
>
> 지금 인류에게 부족한 것은 무력도 아니요, 경제력도 아니다. 자연과학의 힘은 아무리 많아도 좋으나 인류 전체로 보면 현재의 자연과학만 가지고도 편안히 살아가기에 넉넉하다.
>
> 인류가 현재의 불행한 근본 이유는 인의가 부족하고 자비가 부족하고 사랑이 부족한 때문이다. 이 마음만 발달이 되면 현재의 물질력으로 20억이 다 편안히 살아갈 수 있을 것이다. 인류의 이 정신을 배양

하는 것은 오직 문화이다.

나는 우리나라가 남의 것을 모방하는 나라가 되지 말고 이러한 높고 새로운 문화의 근원이 되고 목표가 되고 모범이 되기를 원한다. 그래서 진정한 세계의 평화가 우리나라에서, 우리나라로 말미암아서 세계에 실현되기를 원한다.●

이 구절에는 김구가 생각한 민족의 상이 고스란히 드러나 있다. 그것은 경제력과 군사력으로 남의 것을 빼앗는 것이 아니라 문화의 힘으로 남에게 나누어주는 것을 지향하는 공동체. 그리하여 이 공동체는 작은 규모에서라도 세계 평화의 모델을 지향한다. 이러한 민족의 상은 탈식민주의에서 출발해 그려진 것이며, 침략과 팽창을 추구하는 운동과는 관련이 없다. 나아가 김구는 이 이상이 아직 지구에서 실현된 적이 없더라도 추구할 가치가 있다고 못 박는다. "어느 민족도 일찍이 그러한 일을 한 이가 없으니 그것은 공상空想이라고 하지 마라. 일찍이 아무도 한 자가 없기에 우리가 하자는 것이다. 이 큰일은 하늘이 우리를 위하여 남겨놓으신 것임을 깨달을 때에 우리 민족은 비로소 제 길을 찾고 제 일을 알아본 것이다."

이처럼 김구가 그려 보인 민족은 이미 있는 것이 아니라 앞으로 만들어가야 할 이상이다. 이런 부류의 민족이란 무엇보다 가치 공동체. 패권과

● 김구, 「나의 소원」, 『백범일지』 수록.

혐오가 난무하는 세계 속에서 이런 가치 공동체를 어떻게 실현할지는 아직 인류의 과제로 남아 있다.

특히 민족주의가 수구적 패권주의나 팽창주의로 향하지 않도록 조심하고 예방해야 한다. 방어를 위해 뭉쳤던 힘이 갈 곳을 찾지 못해 공격의 정념으로 전환되는 건 손쉬운 일이다. 특히 한국처럼 처음 선진국 반열에 오른 경우라면, 이제 막 성년이 된 청년이 힘을 주체하지 못하는 것과 비슷한 상황에 처할 수도 있다.

공동체 수준에서 이 위험을 지켜내는 수단은 민주적 거버넌스가 유일하다. 민주주의를 오래 지키는 것이 유일한 방책이라는 얘기다. 민주주의는 포퓰리즘, 심지어 파시즘으로도 향할 수 있는 정치 시스템이다. 하지만 민주주의는 혁명의 잠재력을 현실화할 수 있는 유일한 시스템이기도 하다. 미래를 예단할 필요는 없다. 현재 우리에게 주어진 조건을 지켜나가는 것이 관건이다.

종교의 자유라는 거짓

신천지 교인 사이에 코로나19가 대량으로 확산된 이른바 '신천지 사태'에서 흥미로운 것 중 하나는, '종교의 자유'가 헌법상의 권리기 때문에 종교활동의 자유를 막을 수는 없다고 주장하는 이들이 많다는 점이다. 종교의 자유는 본래 이교도에 대한 탄압을 금지하려는 세속 정치의 맥락에서 이해해야 한다. 주권 내에서 신민이 서로 싸우면 곤란하지 않겠는가. 이처럼 역사적 맥락에서 이해해야 할 종교의 자유를 마치 선험적 권리인 양 취급하는 것은 옳지 않다.

대한민국 헌법 제20조에서는 "모든 국민은 종교의 자유를 가진다. 국교는 인정되지 아니하며 종교와 정치는 분리된다"라며 종교의 자유를 명시적으로 보장하고 있다. 하지만 대한민국 법원은 '대학이 특정한 종교 과목에 대한 학점 이수를 졸업의 조건으로 하는 것은 헌법에 반하지 않는다'라고 판시했으며(1998년 11월 10일, 대법원 선고 96다37268호), 이로써 법원은 '종교의 자유'의 의미를 좁게 해석하고 있다는 것을 확인할 수 있다.

나는 종교의 자유를 명시하려면 제대로 해야 한다고 생각한다. 종교의 자유라는 것은 '종교 및 비종교의 자유'가 되어야 하며, 더 엄밀히 말해 '비종교의 자유'여야만 한다는 것이다. 왜냐하면 앞에 언급한 법원 판결에서처럼 '종교의 자유'를 좁게 해석하면 이는 '양심의 자유'와 필연적으로 충돌할 수밖에 없는데, 양심의 자유는 종교의 자유에 앞서기 때문이다.

종교는 배타성을 전제로 한다. 종교를 정의하는 일은 너무나 어려워서, 종교라는 말의 기원인 기독교를 기준으로 아주 단순화해서 말하겠다. 두 신을 섬기는 것은 종교가 아니다. 이 배타성은 타 종교에 대해서뿐 아니라 궁극적으로는 비종교인 또는 반종교인에 대해서도 통용된다. 누군가가 자신과 다른 신념을 갖는다고 무차별적으로 타인을 배척하는 일이 과연 오늘날 정당한가? 그런데 물경 종교가 하는 일이 그것이다.

종교를 모독하는 것과 종교를 부정하는 것의 차이는 뭘까? 헌법에는 '표현의 자유' 역시 명시되어 있는데 정작 종교 자체를 부정하고 비판할 표현의 자유는 설 곳이 없다. 종교 자신이 곧 권력임을 극명하게 입증하는 사례이리라. 종교는 이미 권력이다. 종교에도 좋은 점이 있다는 말로 회피하려 들지는 말기 바란다. 종교 단체가 하는 일은 정치 활동일 뿐이다. 구원은 개뿔.

나는 '종교의 자유'라는 권리가 획득되었던 서양 근대의 특수한 역사적 맥락을 제거한 채 '언어로 표현된 결과'만 수용했기 때문에 이런 문제가 생겨났다고 본다. 구체성을 고려하지 않은 이런 수용 방식을

나는 사대주의라 부른다.●

서양 근대는 가톨릭, 유대교, 개신교와 개신교의 여러 분파 등 온갖 종교들이 난립하던 상황에서, 오랜 세월 종교전쟁을 치르면서 주권국가 내에서 세속 정치의 안정을 위해 '종교 간의 관용', 즉 '종교의 자유'를 권리로서 정립해야 했다. 루터^{Martin Luther}의 종교개혁(1517년)에서 촉발되어 유럽 전역을 전쟁의 참화로 점철한 30년전쟁의 종결과 함께 체결된 베스트팔렌 조약(1648년)에 이르기까지의 기나긴 역사를 주목하지 않고서는 종교의 자유를 언급할 수 없다는 말이다.

조약에는 이런 내용이 포함되어 있다. "자신의 종교가 군주의 종교와 다른 백성은 자기 종교와 같은 국가의 백성이 되기 위해 [타국으로] 이주할 특권이 허용된다. 또한 국가 간의 합의를 보존하기 위하여 군주는 다른 군주의 백성을 자기 종교로 유인하지 않기로 합의한다." 개인의 종교의 자유를 보장하기는커녕 이처럼 속 좁은 수준의 합의에 이르는 것조차 어려웠던 서양 근대의 사정을 고려해야만, 종교의 자유가 갖는 본래의 의미를 제대로 이해할 수 있는 것이다.

반세기 뒤에 존 로크^{John Locke}는 『관용에 대한 편지^{A Letter concerning Toleration}』 (1690)에서 이렇게 쓴다. "정치 사회를 설립하는 목적은 다름 아니라 모든 인간이 자기 삶에서 자신에게 속한 것들을 스스로 돌볼 수 있도

● 종교의 자유가 서양 중심의 권리였다는 점은 『세계인권사상사』(미셸린 이샤이, 조효제 옮김, 도서출판길, 2005, pp.143~157)를 보면 잘 알 수 있다. 비서양권에서는 종교라는 문제 자체가 논란의 대상이 아니었으며, 이 점에서 크게 중요한 가치가 아니었다.

록 보장하는 데 있다. 각자의 영혼을 돌볼 의무 그리고 천상에 속한 것
들을 돌볼 의무는 정치 공동체에 속하지 않고 그것에 예속될 수도 없
으며, 온전히 각자의 자아에 달려 있다." 로크는 교회와 국가의 분리를
통한 세속 사회의 확립을 위해 종교를 내면의 영역에만 가두려 했으
며, 결코 오늘날 운위되는 종교의 자유를 기치로 삼지 않았다.

한편 가톨릭의 '금서 목록Index Librorum Prohibitorum'은 양심과 표현의 자
유를 극도로 제약했는데, 이에 반대해 존 밀턴John Milton은 『아레오파
지티카Areopagitica』(1644)에서 이렇게 말했다. "다른 어떤 권리보다도 내
게 '알 권리right to know', '말할 권리right to utter', 그리고 '자유롭게 논쟁할 권
리right to argue freely'를 달라. (중략) 자유롭게 풀려난 진실은 모든 오류의 가
능성을 극복하고 승리할 것이다." 밀턴의 투쟁은 출판 사전검열 제도
의 폐지로 막을 내렸지만, 이 또한 종교의 자유를 목표하기는커녕 양
심의 자유를 향한 투쟁이었다.

하지만 그 후로도 여전히 자행되었던 이른바 '무신론자' 및 '무신론
혐의자'에 대한 학대와 학살은 여전히 종교의 자유 범위 바깥에 놓여
있었다. 데카르트René Descartes, 홉스, 스피노자Benedictus de Spinoza, 흄David Hume,
루소Jean-Jacques Rousseau 등 근대철학의 창시자들은 무신론자라는 혐의로
모든 책이 금서로 지정되는 처벌을 받았으며, 그 후로도 지금까지 오
랫동안 무수한 철학자들이 무신론자라는 낙인을 감내해야 했다. 이처
럼 양심의 자유는 종교의 자유에 떠밀리는 운명을 감수해야 했다.

이런 저간의 사정을 간과한 채 '종교의 자유'를 지고한 가치로 삼

는 것은 부당하다. 헌법적 가치 중에서 '양심과 생각의 자유'와 '종교의 자유'는 양립할 수 없다. 저 헌법 조문은 반드시 개정돼야 한다. 헌법이 바로 서기 위해서라도 사대주의는 없어져야 한다. 대한민국은 역사적 구체성 위에 자리 잡아야 한다. 그리고 종교인들은 몸과 말을 낮추고, 항상 조용히 지내야 한다. 특히, 종교단체는 자신이 누리고 있는 예외적 특권을 인정하고, 버는 만큼 세금을 냄으로써 사회적 책임을 다하기 바란다. 종교단체가 막중한 사회적 책무를 짊어질 수 있을 때 비로소 사회 구성원으로 인정받을 수 있을 것이다.

하나 덧붙이자면 신천지가 사이비가 아니라, 종교란 본래 사이비다. 아뿔싸, 그런데 삶이 사이비라면. 종교는 삶의 일부일 뿐이라면.

3장
탈근대적 가치의 기초

PHILOSOPHY OF
NEW NORMAL

권리의 새 기초: 몸의 독립과 생각의 자유

서양 근대의 계약론은 '인간'의 본래 조건에서 논의를 시작한다. 가령 존 로크는 『통치론』(1690)●의 2장 '자연 상태에 관하여'를 이런 문장으로 시작한다. "정치권력을 올바로 이해하고 그것을 그 기원으로부터 도출하기 위해서 우리는 모든 인간이 자연적으로 어떤 상태에 처해 있는가를 고찰해야 한다." 한편 장자크 루소는 유명한 『사회계약론』(1762)●● 1권 1장을 이런 문장으로 시작한다. "인간은 자유롭게 태어나 어디에서나 쇠사슬에 묶여 있다." 이들의 논의에서 인간은 전제된 개념이며, 인간이 무엇인지에 대해서는 더 이상 답변되지 않는다. 또한 로크와 루소가 생각하는 인간은 '남성으로서의 인간Man, Homme'에 국한되어 있었다는 점도 짚고 가야 하겠다.

스피노자가 잘 지적했듯이, 인간은 최소한 '몸corps'과 '생각idea'으로 이루어져 있다. 스피노자에 따르면, 실체는 무한한 속성으로 이루어져 있지

● John Locke, *Two Treatises of Government: The Second Treatise of Government - An Essay Concerning the True Original, Extent, and Civil-Government*, 1690. 한국어판은 「통치론」(문지영 옮김, 까치, 1996).

●● Jean-Jacques Rousseau, *Du Contrat social ou Principe du droit politique*, 1762. 한국어판은 「사회계약론」(김영욱 옮김, 후마니타스, 2018).

만, 인간에게는 오직 몸(즉, 물체)과 생각(또는 마음, 정신) 두 개만 있다고 알려진다. 하나의 개체로서의 인간 역시도 몸과 생각으로 이루어져 있다. 나아가 그의 독특한 평행론에 따르면, 몸의 '질서와 연결'은 생각의 '질서와 연결'과 동일하다(『에티카』(1677) 2부 정리7 참조). 하지만 우리는 몸이 무엇인지, 또한 생각이 무엇인지 알지 못한다. 들뢰즈는 몸이 무엇인지 아는 문제를 자연과학, 특히 생물학의 몫으로 돌렸으며, 생각이 무엇인지 아는 문제를 의식을 넘어선 무의식의 탐구로 이해했다. 우리는 이런 식의 인간 이해를 바탕으로 새로운 계약론 혹은 계약론을 넘는 새로운 사회 이론을 작성해야 한다고 본다.

인간에 대한 탐구는 다른 과제로 놓고, 우리는 인간이 몸과 마음으로 이루어진 존재라는 점을 전제하며 논의를 시작하는 것이 좋겠다. 이 경우, '생명'이 양도 불가능한 권리임은 말할 것도 없지만, 이에 바로 덧붙여 '몸의 독립'과 '생각의 자유'가 각각 최초의 기본권으로 이해되어야 할 것이다. 그렇다고 해도 근대 계약론자들의 논의가 완전히 무효가 되는 건 아니지만, 그것이 새로운 각도에서 갱신되고 극복되어야 한다고 생각한다.

이렇게 몸의 차원과 생각의 차원을 떼어서 논의하면 여러 장점이 있다. 그동안의 논의가 이 두 차원을 별생각 없이 오가면서 진행되었다면, 이제는 ①각 차원에 해당하는 것이 무엇인지 구분해서 논하고, 나아가 ②한 개인의 각 차원이 다른 개인의 각 차원과, 또 다른 개인들의 각 차원과 어떻게 연결되고 합성되고 해체되는지 떼어서 더 쉽게 논할 수 있다(즉, 몸의 공동체와 생각의 공동체가 논의될 수 있을 것이다). 이런 시작은 인권의 구체성에 주목하는 데 도움이 될 것이다.

홉스는 "어머니는 나 자신과 공포라는 쌍둥이를 낳았다"라고 술회한 적이 있는데, 그가 태어난 때는 에스파냐의 무적함대가 영국 해안에 접근해 오던 1588년 봄이었다. 또 그는 30년전쟁(1618~1648년)을 포함한 유럽 종교전쟁과 내전의 한가운데에서 일생을 보냈다. 이런 그에게 세상은 '전쟁 상태'라는 말로 요약될 수밖에 없었다. 사회계약이 이루어지기 전인 인간의 자연 상태를 '전쟁 상태'로 설정한 것은 그로서는 당연한 일이었다. 전쟁 상황에서 '생명과 평화'는 유일하게 양도할 수 없는 가치다. 홉스에게 정부가 없는 상태는 사회도 없는 상태였다. 따라서 사회의 성립과 복리 공동체Commonwealth(국가)의 성립은 단일한 과정이었으며, 계약은 사회계약인 동시에 정부계약이었다.

홉스보다 한 세대 늦게 태어난 로크(1632~1704년)는 내전과 여러 차례에 걸친 정부 전복을 겪었지만, 그 와중에도 사회가 여전히 유지되는 것을 목격했다. 무정부 상태가 곧 전쟁 상태인 것은 아니었다. 그가 보기에 사람들이 전제정치의 유일한 대안은 무정부 상태밖에 없을 것이라는 공포 때문에 그 전제정치를 감내할 이유는 없었다. 정부가 없더라도 사회에는 어느 정도 질서가 존재한다는 것을 경험한 로크는, 자연 상태도 사람들이 자신의 권리와 책임을 결정하는 자연법의 지도 아래에서 살아가는 비교적 질서 있는 상태라고 여겼다. 로크는 자유롭고 독립적이며 평등하게 살아가는 개인들의 양도 불가능한 권리로 '생명, 자유, 소유'를 꼽았는데, 정부를 건설하는 계약은 이 권리들이 침해되지 않도록 한다는 목적을 위해 체결되는 것이었다. 그에게 계약은 정부계약이었다.

서양 근대의 가장 위대한 정치철학자인 데이비드 흄은 계약론적 전통 및 그 전통에 대한 강조와 더불어 오랜 세월 동안 정치철학의 변방에 놓여 있었다. 여기서 계약론적 '전통'이라 함은 홉스, 로크, 루소 등으로 이어진 주류 계약론들을 가리킨다. 탈근대 세계를 설계하는 데 있어 흄을 소환한 것은, 그가 근대를 살았지만 정치철학 '전통'에서는 근대 바깥에 있었던 까닭이다. 말하자면, 흄은 당대의 주류인 계약론을 비판하고 자신만의 고유한 사회·정치철학을 건설했지만, 당대에는 별 영향을 끼치지 못했던 탈근대 사상가다.

흄의 정치철학: 계약론을 넘어 경험적 묵계로

근대 계약론은 자연 상태, 계약, 주권이라는 세 요소로 이루어져 있다. 자연 상태에서의 인간 개개인의 모습이 어떻게 상상되었건 간에, 흄은 자연 상태라는 것 자체가 시인들이 상상했던 황금시대와 마찬가지로 순수한 허구라고 여긴다. "인간들이 상당 시간 동안 사회에 선행하는 야만적 조건에 머물러 있다는 건 완전히 불가능하다. 인간의 최초의 상태와 상황은 사회적이었다고 평가되는 것이 옳을 것이다."● 흄의 이런 생각은 아주 나중에야 밝혀진 인류학적 증거와도 일치한다. 어디까지 사실인지 모르겠지만, 인류학자 마거릿 미드Margaret Mead는 문명의 첫 증거가 무엇이라고 생각하는지 질문을 받은 적이 있다고 한다. 토기? 사냥 도구? 숫돌? 종교 유물? 그런데 놀랍게도 미드는 1만 5,000년 된 발굴 현장에서 찾아낸 인간의 대퇴골(넓적다리뼈)이라고 답했다. 대퇴골은 인체에서 제일 긴 뼈로 엉

● David Hume, *A Treatise of Human Nature: Being an Attempt to Introduce the Experimental Method of Reasoning into Moral Subjects*, 1739–1740, p.493. 이 책의 인용은 관례대로 P. H. Nidditch 가 편집한 1978년의 Selby–Bigge's edition(1888)의 개정판 쪽수를 따르되, David Fate Norton & Mary J. Norton's edition(2007)을 저본으로 삼았다. 한국어판은 『도덕에 관하여: 인간 본성에 관한 논고 제3권(수정판)』(이준호 옮김, 서광사, 2008)을 참조했으나, 모호하거나 틀린 부분이 많아 번역은 원문을 따랐다.

덩이와 무릎을 연결한다. 의술의 도움이 없다면 부러진 대퇴골이 다시 붙기 위해서는 꼼짝 않고 6주가량 쉬어야 한다. 발굴된 것은 치료된 대퇴골로,* 이는 누군가가 곁에서 뼈가 부러진 동료를 지키고, 상처를 싸매주고, 안전한 곳으로 데려가 회복될 때까지 돌봐줬다는 증거다. 동물이 상처 입은 새끼를 돌보는 건 일반적이지만, 상처 입은 동료를 돌봐주는 건 인간종밖에 없다. 도구의 발명보다도 사회성이 인간의 본성이라는 말이다. 사회성의 핵심에는 안전 욕망이 있으며, 이는 영토와 안식처의 구성으로 이어진다.

계약은 약속을 지켜야 한다는 의무 때문에 성사될 수 있는데, 계약론자들은 이 의무의 기원을 설명하지 못한다고 흄은 비판한다. 약속을 어겼을 때 약속의 이행을 강제하는 힘이 없다면 약속 행위는 무의미한데, 강제력이 존재한다는 것은 이미 정부와 같은 무언가가 구성되어 있다는 뜻이므로, 계약론은 순환논증의 오류에 빠지게 된다. 경험주의자로서 흄은 자신이 관찰한 바에 근거해 인간의 본성을 탐구한다. 흄에 따르면, 인간의 본성에는 자기애self-love, 이기심selfishness, 자신과 가까운 이들에게만 관심을 베

● Remy Blumenfeld, "How A 15,000-Year-Old Human Bone Could Help You Through The Coronacrisis", *Forbes*, 2020. 03. 21.

사진 출처: Australian National University

　　　　　　　　　　　　　　　　　　　　뉴노멀의 철학

푸는 제한된 관대함[limited generosity] 같은 것들이 있다. 이런 특성들은 인간 특유의 공감[sympathy] 능력에서 비롯되는 편파성[partiality] 때문에 생겨나는 것이기도 하다. 인간은 가까운 것에 더 많이 공감하기 때문에 편파적일 수밖에 없다. 이탈리아에서 만난 영국인은 친구고, 중국에서 만난 유럽인은 친구며, 혹 달나라에서 인간을 만나면 친구일 것이다. 그렇지만 이런 특성들은 홉스가 상상했던 것처럼 전쟁 상태로까지 이끌고 갈 정도는 아니다.

인간은 바라는 것은 많되 가진 능력은 모자란 존재여서, 오직 사회 속에서만 자신의 결함을 보완할 수 있다. "힘들을 결합해서 우리 능력은 증대된다. 분업을 통해 우리의 기량이 향상된다. 서로 도움으로써 우리는 운과 우연에 덜 노출된다. 힘과 기량과 안전이 추가됨으로써 사회는 유익해진다."[*] 그런데 사회가 유익하다는 것은 각자에게 어떻게 감지되는 걸까? 사회가 유익하다는 것과 사회가 유익하다는 것을 각자가 알게 되는 건 별개의 문제기 때문이다. 흄은 이성 간, 또는 가족 내 관계, 교제와 대화처럼, 작은 수준에서의 경험이 쌓여가면서 사회의 유익함을 점진적으로 깨닫게 된다고 말한다.

흄은 남이 자신의 것을 빼앗아 갈지도 모른다는 우려가 사회 형성의 가장 큰 장애라고 본다. 사회의 관건은 소유의 안정성에 있다.

● David Hume, 같은 책, p.485.

사회 구성원이 모두 참여하는 묵계convention를 통해 외부 자산의 소유에 안정성을 부여하고 각자가 운이 있어서건 부지런해서건 획득할 수 있는 것을 평화적으로 향유하게 만드는 것. 이것은 해결책으로 마련할 수 있는 유일한 방식이다. 이 수단을 통해, 모두는 자신이 안전하게 소유할 수 있는 것이 무엇인지 알게 되고, 정념들은 편파적이고 모순된 운동 안에서 억제된다. 이런 제약은 이 정념들과 모순되지 않는다. 만일 모순된다면 이 억제는 개입될 수도 없고 유지될 수도 없기 때문이다. 이 억제는 단지 정념들의 경솔하고 충동적인 운동과 모순될 따름이다. 그런 묵계를 통해, 타인들의 소유물을 거들떠보지 않음으로써, 우리는 우리 자신의 이익이나 가까운 친구의 이익을 버리지 않으면서도 모두의 이익을 가장 잘 지킬 수 있다. 바로 이 수단을 통해 우리는 우리 자신의 안녕well-being과 생존은 물론 타인들의 안녕과 생존에 꼭 필요한 사회를 유지하기 때문이다.●

흄이 강조하듯이 이 묵계는 약속이 아니다. 오히려 약속의 안정성은 묵계가 맺어진 후에야 성립한다. 그렇다면 묵계는 어떻게 성립할까? 그것은 경험이 알려준다. "이익에 대한 공통감common sense이 표현되고 서로에게 알려질 때, 그것은 적합한 결심과 행동을 산출한다. 이것은 비록 약속의 중재는 없었지만 우리 사이의 묵계 또는 일치agreement라고 부르기에 매우 충

● David Hume, 같은 책, p.489.

분할 것이다. 우리 각자의 행동들은 상대방의 행동들을 참조하며, 어떤 것이 상대방한테서 수행될 것이라는 가정 아래 수행되기 때문이다."[*] 이어지는 문장은 들뢰즈가 자주 인용하는 중요한 문장이다. "배의 노를 젓는 두 사람은 서로 약속한 적이 전혀 없더라도 일치 또는 묵계에 의해 그 일을 행한다."[**] 묵계를 성립시키는 힘은 난파라는 최악의 위험에 대한 공통의 느낌이다. 이처럼 약속이나 계약이 없더라도 묵계에 의해 사회가 성립할 수 있다는 것이 인간 본성에 대한 반성에서 출발한 흄의 주장이었다. 나아가 흄은 정부의 구성을, 묵계를 유지하기 위해 주권을 성립하는 과정이라고 보았다. 위반에 대한 제재를 포함한 강제력 없이는 모두에게 유익한 것인 묵계가 유지될 수 없다고 보았기 때문이다.

흄이 소유[property] 또는 소유물[posession]의 안정성을 지키는 데 가장 큰 힘을 쏟았다는 이유로, 그를 당대 부르주아의 재산권 옹호에 애쓴 사상가로 보는 것은 적절치 않다. 가령 오늘날, 아니 앞으로 언젠가, 자신의 소유물이 함부로 침해당하는 걸 그저 바라보고 있을 사람이 누가 있겠는가? 소유물이 가장 적은 사람일지라도 자신이 소유한 것은 당사자에게 소중하다. 개도 먹고 있을 때는 건들지 말라는 이야기는 사람에게도 해당한다. 일단 '나의 것'인 이상 아무도 빼앗아서는 안 된다는 것이 흄이 지키려 했던 소

● David Hume, 같은 책, p.490.

●● 대표적으로 Gilles Deleuze & Félix Guattari, *Qu'est-ce que la philosophie?*, Minuit, 1991, p.101.

유의 안정성 문제다. 소유의 안전성은 영토의 안전성이기도 하다. 이는 인간인 이상 누구에게라도 적용되는 초시간적 사안이며, 흄이 인간 본성을 탐구해서 확인한 내용이다.

3.3
공동주의: 원수도 사랑할 수 있는 새로운 거버넌스

예수가 산 위에서 행한 설교는 이렇게 마무리된다. 그 유명한 '원수를 사랑하라'라는 가르침이 등장하는 구절이다.

'네 이웃을 사랑해야 한다. 그리고 네 원수는 미워해야 한다'라고 이르신 말씀을 너희는 들었다. 그러나 나는 너희에게 말한다. 너희는 원수를 사랑하여라. 그리고 너희를 박해하는 자들을 위하여 기도하여라. 그래야 너희가 하늘에 계신 너희 아버지의 자녀가 될 수 있다. 그분께서는 악인에게나 선인에게나 당신의 해가 떠오르게 하시고, 의로운 이에게나 불의한 이에게나 비를 내려주신다. 사실 너희가 자기를 사랑하는 이들만 사랑한다면 무슨 상을 받겠느냐? 그것은 세리들도 하지 않느냐? 그리고 너희가 자기 형제들에게만 인사한다면, 너희가 남보다 잘하는 것이 무엇이겠느냐? 그런 것은 다른 민족 사람들도 하지 않느냐? 그러므로 하늘의 너희 아버지께서 완전하신 것처럼 너희도 완전한 사람이 되어야 한다. ●

● 『마태복음』(가톨릭 새번역) 5장 43~48절.

이 설교에서 예수는 원수를 사랑해야 하는 이유로 신(아버지)을 매개로 신처럼 완전해져야 한다는 점을 제시한다. 예수는 자기를 사랑하는 이들만 사랑하고 자기 형제들에게만 인사하는 건 세리도 하는 일이요 다른 민족 사람들도 하는 일이지만, 원수를 사랑하는 건 예수의 사람들만 할 수 있는 권능이며 축복이라고 말한다. 하지만 절대자를 통하지 않더라도 이 가르침이 설득력을 가질 수 있을까?

이 가르침은 '남이 나에게 해주었으면 하는 행위를 남에게 하라'라는 이른바 '황금률黃金律, Golden Rule'의 정점에 있다고 볼 수 있다. 황금률은 동서고금의 숱한 종교 경전에 비슷한 형태로 등장하는데, 유일한 단점은 왜 그렇게 행동해야 하는지 논증될 수 없다는 점이다. 이런 점에서 황금률은 물론이거니와 원수를 사랑하라는 가르침도 윤리적·정치적 상황에서는 공허한 메아리에 불과하다. 듣기에는 좋지만 현실적 실행 가능성이 전혀 없는 도덕적 가르침에만 머문다는 말이다. 이런 가르침은 이상적 지침으로 삼기에도 너무 빈곤하다.

흄의 정치철학이 갖고 있는 장점은, 세리와 다른 민족 사람들이 행하는 바로 그 행동 방식으로부터 행동의 일반 규칙을 이끌어낸다는 점에 있다. 흄의 이런 접근법은 굉장히 설득력이 있는데, 왜냐하면 인간의 본성에 어긋나지 않으면서 오히려 인간 본성에서부터 보편적인 규칙을 도출해낼 수 있음을 보여주기 때문이다. 대부분의 윤리학-정치학 체계가 인간 본성이 아닌 인간이 도달해야 할 이상 상태를 출발점으로 삼기 때문에 비현실적일 수밖에 없다면, 인간 본성에서 출발하는 흄의 윤리학-정치학은 전과는 충분히 다른 땅으로 우리를 인도할 수 있을 것 같다.

흄은 이성과 계산에 따른 계약을 허구라고 비판하면서 느낌의 동감에서 비롯한 묵계를 통해 사회가 구성된다고 보았다. 따라서 무엇을 지향하고 어떤 삶을 살고자 하는지가 관건이 된다. 사회의 건설은 긍정이며, '~가 아니다'라는 부정이 아니다. 계약론의 바탕에 부정 변증법이 있다고 해석하면 지나친 과장일까?

근대 서양은 정부로부터 권력을 빼앗는 과정에서 성숙했다. 정부는 처음에는 왕의 것이었고(왕권신수설), 따라서 도망치고 벗어나야 할 출발점이었다. 모든 가치는 구체적 상황 속에서 그 의미를 발현한다. 자유, 평등, 박애, 소유 등 서양 근대에서 중요한 가치와 권리는 지금 새롭게 던져진 상황 속에서 다시 고찰되어야만 한다. 이제 지구는 하나의 공동체로 거듭났다. 역사상 처음으로 닥친 문제 상황, 즉 전 지구적 감염병, 인공지능, 기후위기의 결합은 협력과 연대가 아니고서는 해결할 수 없음이 판명되고 있다.

지구 시민들 모두가 협심해서 새로운 지구적 거버넌스를 만들어내야 하며, 그 속에서 서양 근대의 가치들이 재편되고 재해석되어야 한다. 지구를 커다란 배로 비유한다면, 지금 지구는 난파 직전의 상황이다. 흄의 예시에서처럼 승선자는 함께 새로운 묵계를 발명해야 한다. 지구라는 배를 가라앉지 않게 하려면 지구인들은 어떻게 노를 저어야 하는지 배워야 하며, 뉴노멀의 묵계를 발명해야 한다. 무엇을 어떻게 나눌 것인지를 함께 풀어가야 한다. 빼앗는 것이 아닌 나누어주는 것이 새로운 거버넌스의 핵심이 되어야 할 것이다. 나는 이런 거버넌스를 '공동주의共同主義, commonism'라고 명명하겠다.

니체의 유용성: 권력은 주는 것이다

사람들이 니체의 사상에서 가장 잘못 이해하고 있는 개념이 '권력의 지'다. 일반적으로 니체의 '권력의지'는 세속적 의미의 '권력^{Macht}'을 빼앗으려고 한다는 뜻으로 해석되곤 한다. 하지만 들뢰즈가 누누이 강조했듯이 이건 가장 잘못되고 고약한 해석이다. 니체에게 권력은 '주는 덕^{德, die schenkende Tugend}'이다. 권력은 빼앗는 것이 아니라 주는 것이요, 더 정확히는 선물한다는 뜻이다. 이해가 어려울 것이다.

니체의 말을 직접 보자.

> 너희의 영혼은 걸신들린 듯 보물과 보석을 얻으려 한다. 너희의 덕은 걸신들린 듯 선사하려 하기 때문이다.
>
> 너희는 만물이 너희에게로, 너희 안으로 오도록 강요한다. 만물이 너희 샘에서 너희 사랑의 선물로 다시 흘러나가도록.
>
> 실로 이렇게 선사하는 사랑은 모든 가치의 약탈자가 되어야만 한다. 하지만 나는 이런 이기심을 온전하고 신성하다고 말한다. (중략)

이 새로운 덕, 그것이 권력이다.[•]

이처럼 주고, 선사하고, 선물하는 덕이 권력이다. 반면 빼앗는 것은 '퇴화'일 뿐이다. "또 다른 이기심이 있으니, 너무 가난한, 배고픈, 언제나 훔치려 드는, 저 병자의 이기심, 병든 이기심이 그것이다."[••] 니체에 따르면, 주지 못하는 자가 곧 빼앗는 자다.

그런데 사람들도 내심 알고 있다. 빼앗는 힘으로서의 권력은 하급이고, 주는 힘이야말로 최상의 권력임을. 그것이 가장 잘 드러나는 때가 '투표' 국면이다. 가령 대한민국 국회의원 선거에서 유권자는 두 개의 표를 각각 지역구 대표와 비례대표를 뽑는 데 쓴다. 이 두 개의 표(힘)는 내 마음대로 줄 수 있다. 선거는 누가 선출되고 어느 당이 다수당이 되는지 등의 문제지만, 다른 한편 유권자 측에서 보면 선거는 내 힘을 주는 실천이기도 하다. 사람들의 관심은 두 가지 모두에 쏠려 있다. 하지만 전자가 관전자의 입장이라면(마치 스포츠 관전과 비슷하다) 후자는 참가자(플레이어)의 입장이다. 우리가 초미의 관심을 갖는 건 후자다. 왜냐하면 그것이 진정한 권력이기 때문이다. 전자는 후자의 결과물이요 그림자다.

니체는 병이 참된 건강을 드러낸다고 말했다. 건강을 직접 경험하지 못

[•] Friedrich Nietzsche, *Also Sprach Zarathustra*, "Von der schenkenden Tugend" 1. 인용은 전집에서.

[••] 같은 곳.

뉴노멀의 철학

했더라도 병은 건강을 모색하고 실험하게 만든다. 가장 나쁜 병에도 건강이 숨어 있는 까닭이 그것이다. 건강이 없다면 병조차 없었으리라. 니체가 권력과 권력의지를 착상한 맥락도 비슷하다. 빼앗는 힘보다 주는 힘이 더 위대하고 근본적이다. 주는 힘이 없다면 빼앗는 힘도 있을 수 없다. 우리가 새로운 가치와 거버넌스를 모색하려 할 때 니체의 권력 이론은 놓치지 말아야 할 중요한 단서다.

니체는 모든 사상의 시금석이다. 최소한 현대 사상은 니체라는 체로 걸러낸 후 남는 것에 대해서만 유효하다고 평가할 수 있다. 왜일까?

니체는 모든 물음을 끝까지 물은 최초의 철학자다. 이건 굉장히 어려운 일이다. 보통은 자기만의 '유보'와 '믿음'을 살짝 감추기 마련이며, 이 지점은 최후의 보루로 남겨둔다. 그런데 니체는 그렇지 않다. 기존의 이성, 종교, 도덕, 폭력, 연민 등 모든 것을 의문에 빠지게 한다. 그 비판의 서슬을 견뎌낼 수 있는 사상은 별로 없다.

아쉽게도 니체는 필요에 따라 선별적으로 수용되어왔다. 어쩌면 그건 필연적이다. 살아서도 마음대로 못 하는 오독과 오해를 죽은 후에 어쩔 수 있으랴. 하지만 오독과 오해는 해석 행위의 다른 명칭에 불과하며, 모든 해석은 자기 힘의 발현이다. 해석이란, 니체에 따르면, 원석을 깎아내는 조각가의 활동이다. 이것이 '권력의지'다. 그렇기 때문에 니체를 오독하는 행위를 잘못됐다고 말할 수도 없다.

중요한 건, 그렇게 선별적으로 수용한 결과가 얼마나 힘이 센지 여부다. 선대의 혹은 동시대의 여러 사상에서 자원을 끌어와 자기 식으로 조립하는 건 본인 마음이지만, 생산된 결과물이 초라하다면 그 역시 본인 몫이다. 더 강한 사상, 더 자유로운 사상이 관건이다.

특히 니체는 19세기 중엽을 지나면서 유럽에서 목격한 여러 가치를 '힘의 상승과 몰락'이라는 관점에서 평가했다. 이 가치들이 19세기 말부터 한국에 수입되어 오늘날도 여전히 높게 평가받고 있다는 점에서 니체의 비판은 임의로 선택하고 말고의 문제로 치부되어서는 안 된다. 즉, 니체의 비판에 대해 적절하게 반박하지 않은 채 현대의 선입견에 비추어 니체를 비난해서는 안 된다는 것이다. 니체가 '부도덕'하다거나 '반민주적'이라고 외면상 평가하는 이들도 꽤 많다. 하지만 니체가 지적한 문제들에 제대로 귀 기울이지 않으면 안 된다.

3장을 마무리하면서, 니체가 제안한 새로운 정의론을 길잡이로 제시하려 한다. 통상 정의는 '각자에게 각자의 몫'이라고 해석되어왔다. 그러나 니체가 보기에 이 해석은 전형적인 수혜자 중심의 논리다. 니체는 시혜자의 관점에서 정의를 재구성하려 한다. 이런 극적인 관점 전환이 가치를 재편하는 데 있어서 결정적인 역할을 할 테지만, 사회가 이를 받아들이는 건 또 별개의 문제인 것 같다.

선한 자들과 의로운 자들은 나를 도덕의 파괴자라 부른다. 내 이야기가 부도덕하다는 것이다.

뉴노멀의 철학

너희에게 적이 있다면, 악을 선으로 갚지 말아라. 그건 적을 수치스럽게 만드는 일이니까. 그 대신에 적이 너희에게 뭔가 선한 일을 했음을 입증하라. 그리고 수치스럽게 만들기보다는 차라리 화를 내라! 또, 너희가 저주를 받을 때 축복하려 들지 말라. 맘에 안 드는 짓이다. 차라리 얼마쯤 함께 저주하라!

너희에게 커다란 불의가 하나 닥치면, 다섯 개의 작은 불의로 재빨리 응수하라! 혼자서 불의에 억눌린 자는 보기에 끔찍하다.

이미 알고 있었는가? 나누어진 불의는 절반의 의로움이다. 그리고 불의를 짊어질 수 있는 자는 불의를 손수 감수해야 한다!

작은 복수는 전혀 복수하지 않는 것보다 인간적이다. 그리고 위반한 자에게 벌이 정의와 명예가 아닌 이상, 나는 너희의 벌을 좋아하지 않는다.

자신의 불의를 인정하는 것이 의롭다고 고집하는 것보다 고귀하다. 특히 자신이 의로울 때는. 다만 그럴 수 있으려면 충분히 부유해야 한다.

나는 너희의 차가운 정의를 좋아하지 않는다. 너희 심판자의 눈에서는 언제나 사형 집행인과 그의 차가운 칼날이 보인다.

말하라, 두 눈을 뜬 사랑인 정의는 어디에서 찾을 수 있는가?

그렇다면 모든 벌뿐만 아니라 모든 죄까지도 짊어지는 그런 사랑을 내게 고안해내라!

그렇다면 재판하는 자를 제외한 모든 이를 방면하는 그런 정의를 내게 고안해내라!

이 말도 듣고 싶은가? 철두철미 의롭기를 바라는 자에겐, 거짓말조차 인류애가 된다.

하지만 내 어찌 철두철미 의롭기를 바라랴! 내 어찌 각자에게 각자의 것을 줄 수 있으랴! 나는 각자에게 나의 것을 준다. 이것으로 나는 충분하리라.

끝으로, 내 형제들이여 은둔자에게 불의를 행하지 않도록 조심하라! 은둔자가 어떻게 잊을 수 있겠는가! 은둔자가 어떻게 보복할 수 있겠는가!

은둔자는 깊은 우물과 같다. 그 안에 돌을 던지기는 쉽다. 하지만 말하라, 돌이 일단 바닥에 가라앉으면 누가 돌을 다시 끌어 올리려 하겠는가? 은둔자를 모욕하지 않도록 조심하라! 이미 모독했다면, 그렇다면 그를 죽여버려라!●

● Friedrich Nietzsche, Also Sprach *Zarathustra*, "Vom Biss der Natter". 인용은 전집에서.

뉴노멀의 철학

코로나 시대의 윤리학

코로나19 사태를 겪으면서 이렇게나 다른 생각을 갖고 있는 다양한 사람들을 하나로 묶어줄 수 있는 '기준'이 필요하다는 생각이 강하게 들었다. 생각이 다른 사람들과 서로 외면하고 살 수 있다면 좋겠지만, 우리 모두는 같은 지구에 있는 운명 공동체다. 따라서 철학자는 이런 문제 상황에 답을 해야 마땅하다. 만일 누구나가 동의할 수밖에 없는 어떤 '기준'을 제시할 수 있다면 지침이 될지도 모른다.

우리 각자는 어떻게 살아야 할까? 어떻게 행동해야 할까? 어떤 하나의 원칙을 기준으로 행동해야 할까? 누구나 동의할 수밖에 없는 행동의 원칙 같은 게 있을까? 이런 물음들은 철학에서 전통적으로 '윤리학'이라 부르는 영역에서 다루는 것들이다.

나는 여기에서 윤리학의 여러 학설을 소개하고 따지는 일을 하고 싶지는 않다. 내가 하고 싶은 건, 누구나 동의할 수밖에 없는 행동의 원칙을 곧바로 제안하는 일이다. 사실 이런 작업은 절대로 쉽지 않다. 왜냐하면 누군가 어깃장을 놓기로 작정하면, 다시 말해 반대를 위한 반대를 하기로 마음먹으면, 어지간한 주장은 바로 허점을 드러낼 것이기 때문이다. 따라서 나는 아주 굳건한 논증을 제안하지 않으면 안 될 것이다.

칸트 : 보편적인 법 수립의 원리로서도 타당할 수 있도록, 그렇게 행동하라

칸트가 『윤리형이상학 정초Grundlegung zur Metaphysik der Sitten』(1785)에서 제시한 유명한 문장으로 시작하고 싶다. "[네 행동의] 원칙이 [네 원칙이면서] 보편적인 법도 될 수 있기를 네가 바라는, 그런 원칙에 따라서만 행동하라."● 이 문장은 표현을 달리하여 『실천이성비판Kritik der praktischen Vernunft』(1788)에도 등장한다. "네 의지의 원칙이 항상 보편적인 법 수립의 원리로서도 타당할 수 있도록, 그렇게 행동하라."●● 칸트는 다른 데서도 이와 비슷한 말들을 했다.

칸트가 말하려 했던 핵심 내용은 무엇일까? 이에 대해 들뢰즈는 독특한 설명을 한다. 다음은 내가 썼던 글 일부를 조금 고쳐 인용한 것이다.●●● 어려우면 다음 문단으로 건너뛰어도 무방하다.

● Handle nur nachderjenigen Maxime, durch die du zugleich wollen kannst, dass sie einallgemeines Gesetz werde.(독일어 원문) / Act only according to that maxim whereby you can, at the same time, will thatit should become a universal law.(영어 번역문)

●● Handle so, daß die Maxime deines Willensjederzeit zugleich als Prinzip einer allgemeinen Gesetzgebung gelten könne.(독일어 원문)

●●● 인용문 속의 인용문은 들뢰즈가 쓴 「칸트 철학을 요약해줄 수도 있을 네 개의 시적 경구에 대해」(1984)에서 온 것이다.

"법은 순수한 형식이며, 감각적이건 지성적이건 대상을 갖고 있지 않다. 법은 해야만 하는 것(내용, 선)을 우리에게 말하지 않는다. 대신 우리의 행동이 어떤 것이건 간에, 복종해야 할 주체적 규칙을 말한다. 그 행위의 원칙이 모순 없이 보편적이라고 생각될 수 있고, 그 행위의 동기가 이 원칙만을 대상으로 갖는다면, 그런 모든 행위는 도덕적이리라." 예컨대 거짓말은 보편적이라고 생각될 수 없는데, 그 까닭은 거짓말은 거짓말을 믿는 사람을 내포하고, 그렇게 믿는 사람이 있는 한 그는 거짓말을 하는 것이 아니기 때문이다. 그리하여 법은 새롭게 정의된다. "법은 보편성의 순수한 형식으로 자신을 정의한다. 법은 착해지기 위해서 의지가 추구해야만 하는 대상이 무엇인지 우리에게 말하지 않고, 대신 도덕적이기 위해서 의지가 취해야 하는 형식이 무엇인지 우리에게 말한다." (중략) "법은 우리에게 해야만 하는 것을 말하지 않으며, 대신 우리에게 '해라!'라고만 말하는데, 우리는 이로부터 선을, 말하자면 이 순수한 명령의 대상들을 연역해야만 한다."●

  칸트의 행동 규칙은 '내용'을 말해주지 않는다. 다시 말해, 이러저러한 게 좋은 행동(선)이니 그 행동을 하라고 하지 않는다. '공리주의utilitairianism(좋은 것utility의 추구)'라고 분류되는 철학은 좋은 것의 내용을 제시하고 그걸 행해야 한다고 주장하지만, 칸트는 그런 식으로 행동 규칙을 제시하지 않는다. 이유는 간단하다. 좋은 행동의 내용을 열거해서 알려주는 일은 결코 완성될 수 없다. 생각해보라. 행동이 일어나는 상황과 맥락이 다 다를진대, 어떻게 좋은 행동의 내용을 다 열거할

● 김재인, 「들뢰즈의 칸트 해석에서 시간이라는 문제」, 《철학사상》 53호, 2014.

수 있겠는가. 공리주의자의 입장은 좋은 것 몇 개(어쨌거나 수에 있어 유한하다)를 예시한 후에 행동 주체에게 그 사례에 공통되는 어떤 내용(선)을 추론하라고 요구하는 셈이다. 이 경우 '선'은 알아야 할 내용, 즉 앎의 내용이다.

칸트는 내용을 말하는 대신 그 내용이 지켜야 할 규칙을 말하면서, 그 규칙을 따르는 것이 윤리적으로 좋은 행동이라고 주장한다. 그렇다면 칸트가 말하는 규칙은 무엇인가? 그것은 보편성이다. 자기 행동의 원칙을 '보편적인 법'이 될 수 있을 정도로 마련해서, 그 원칙에 따라서만 행동하라는 것이다. 앞에서 칸트가 반복해서 말했던 구절들의 의미가 바로 이것이다. 우리는 매번 행동할 때마다 자신의 원칙을 통해 보편성을 구현하도록 행동할 방식을 찾아야 한다. 자신의 개별 행동의 원칙은 보편적 윤리와 같은 것이어야 한다.

니체: 영원회귀의 윤리학

칸트가 제시한 이런 행동 규칙은 니체로 오면 '영원회귀'라는 개념으로 정교화된다. 니체는 『기쁜 앎Die fröhliche Wissenschaft』(1882)의 341절에서 영원회귀 사상이 처음 등장했다고 증언한다. 그 전문은 다음과 같다. 함께 천천히 음미해보자.

> 최대의 무게: 어느 낮 또는 어느 밤, 한 악령이 가장 적적한 고독 속에 잠겨 있는 네 뒤로 살그머니 다가와서 너에게 다음과 같이 말한다면 너

는 어떻게 할 것인가. "너는 지금 네가 살고 있고 그리고 이제까지 살아온 이 삶을 한 번 더 그리고 수없이 더 살아야만 한다. 그리고 그 삶에는 아무런 새로운 것도 없으며, 모든 고통과 모든 기쁨과 모든 생각과 탄식 그리고 헤아리기조차 어려운 너의 삶의 사소함과 위대함이 너에게 다시 돌아와야 한다. 모두 동일한 순서와 차례로. 이 거미도 나무 사이의 이 달빛도. 그리고 이 순간과 나 자신까지도. 실존의 영원한 모래시계는 언제까지나 다시 회전하며, 그리고 미세한 모래알에 불과한 너 자신 역시도 그것과 더불어 다시 회전할 것이다! 너는 땅에 엎드려 이를 갈며 그렇게 말하는 악령을 저주치 않으려는가? 아니면 그 악령에게 다음과 같이 대답할 그런 기괴한 순간을 한 번 체험한 적이 있는가. "너는 신이다. 나는 이보다 더 신적인 것을 듣지 못했노라!"라고. 이러한 생각이 너를 지배하게 된다면 그것은 현재 있는 그대로의 너를 변화시킬 것이고 아마도 분쇄해버릴 것이다. 그리고 모든 일 하나하나에 대하여 "너는 이것을 한 번 더 그리고 수없이 바라느냐?"라는 질문은 최대의 무게로 네 행위 위에 가로놓일 것이다! 아니면 너는 이 최종적이고 영원한 확인과 봉인 그 이상의 어느 것도 원하지 않기 위해서, 얼마나 너 자신과 삶에 좋게 되어야 하는가?

이러한 니체의 영원회귀 사상을 들뢰즈는 다음과 같이 해석한다.

영원회귀는 의지에게 칸트의 규칙만큼이나 엄격한 규칙을 제공한다. (중략) 윤리적 사상으로서 영원회귀는 실천적 종합의 새로운 형식이다. 네가 바라는 것, 그것의 영원회귀도 바라는 식으로, 그것을 바라라. "네가 하고자 하는 모든 것에서 '나는 그것을 셀 수 없이 여러 번 하고자

하는 그런 식으로 하려는가?'라는 물음이 최대 주안점이다.[•][••]

왜 셀 수 없이 여러 번, 즉 영원히 반복되길 바라며 행동해야 하는가? 들뢰즈는 왜 그 조건이 '선별적 원리'가 될 수 있다고 보았는가? 이것은 칸트가 말하는 보편적인 법 또는 보편성과 어떻게 관련되는가? 나는 앞서 소개한 논문에서 이렇게 적었다.

> 영원회귀 사상에 따르면, 미련이 남지 않을 정도로 자신의 힘의 끝까지 행해야만, 영원한 반복을 각오하고 행해야만, 삶을 해방할 수 있다. 어떤 실천이 최선이었는지는 오직 나중에서야 알 수 있을/없을 뿐이다. 만약 '그때 그 순간' 최선을 다하지 않았다면, '지금 이 순간' 회한으로 인해 삶은 가벼워질 수 없을 것이다.[•••]

그 누구한테건 요구할 수 있다. 지금 이 순간 최선을 다하라. 그렇게 행동하라. 이런 행동 규칙은 그 누구도 반박할 수 없다. 누군가 농담으로 아무렇게나 살겠다고 말할 수는 있으리라. 하지만 그 행동과 행동 결과가 영원히 반복된다면 그렇게 말할 사람은 없을 것이다. 한 번의 쪽팔림으로 끝나는 게 아니라 영원한 쪽팔림일 테고, 한 번의 패

[•] "Die Frage bei allem, wasdu thun willst: „ist es so, daß ich es unzählige Male thun will?" ist das größte Schwergewicht." 전집, NF—1881,11[143]

[••] Gilles Deleuze, *Nietzsche et la philosophie*, PUF., 1962, p.77.

[•••] 김재인, 「들뢰즈의 칸트 해석에서 시간이라는 문제」, 《철학사상》 53호, 2014

배가 아니라 영원히 반복되는 패배일 것이기 때문이다. 따라서 이 순간 한 번의 행동이 최선을 다한 행동이어야 하고, 행동을 선택하는 순간으로 아무리 다시 돌아온다 할지라도 그렇게밖에 행동할 수 없는 식으로 행동한다면, 더 이상 뺄 것도 보탤 것도 없는 최선의 행동을 하게 될 것이다. 이것이 칸트가 말한 보편성의 원칙이기도 하다.

나는 이런 내용을 출간된 책들에서 썼다. 두 대목만 소개하겠다.

실패란 처음에 의도한 목표와 내가 노력해 생겨난 결과가 어긋날 때, 목표에 이르지 못했을 때를 가리킵니다. 그 어긋남 때문에 사람들은 좌절하고 후회합니다. 후회는 결과에 비추어서 노력을 평가하려 할 때 생깁니다. '그때 그랬더라면' 하는 식으로 생각하는 거지요. 하지만 결과란 나의 노력과 우주의 조건이 어우러져서 생겨나는 법입니다. 내 노력이 바라던 결과를 낳는다는 보장은 없습니다. 목표를 향한 노력이 원하는 결과를 낳지 않는 것이 세상에선 오히려 정상입니다. 차라리 실패가 정상 상태라고 해야 합니다. 따라서 우리는 노력하는 순간에 집중해야 합니다. 매 순간 최선을 다할 때, 그 결과와 상관없이 후회가 남지 않습니다. 후회란 노력에 대한 후회인데 노력의 순간에 더할 수 없을 만큼 최선을 다했으니까요. 물론 노력과 결과를 분리하는 일은 쉽지 않습니다. 하지만 그래야 합니다. 노력은 최선을 다하되 결과는 무조건 수용하기, 그러고 나서 최선을 다한 또 다른 실험을 진행하기, 이런 것의 연속이어야 하고 이것이 삶이어야 한다는 게 니체가 명명한 운명애amor fati의 진짜 의미입니다. 삶의 경로와 결과가 모두 미리 정해져 있음을 받아들이는 '숙명론'과는 정반대입니다. 진인사대천명盡人事待天命이라는 말이 있습니다. 할 바를 다하되 그 결과를 겸허하게 긍정하라. 그렇게 살아갈 때만이, 그 삶의 끝에서 "나는 할 수 있는 일을 모두 했노라" 하고 말을 맺으면서, "이것이 내 운명이고, 나는 내 운명을 사랑한다"라고 말할 수 있겠지요?[●]

니체는 (중략) 어떻게 살아야 할지 방법도 제시합니다. 그게 '영원회귀' 사상입니다. 망망대해에 있을지라도, 가는 과정은 그렇게 무의미하지 않을 수 있습니다. 내가 거기로 가기로 했으니까. 그런데 어떻게 가야 할까요? 니체는 삶이 영원히 반복된다면 택할 그런 방식으로 행동하라고 말합니다. 그렇게 되면 삶에 더할 나위 없이 좋게 임하리라는 겁니다. '한 번의 쭉팔림'일지라도 그건 영원히 되풀이됩니다. 그렇다면 어떻게 행동해야 할까요? 최선을 다할 수밖에 없습니다. 최선으로 행동해서 죽기 직전에 완성되는 게 '운명'입니다. 니체는 '아모르파티|amor fati|', '운명애'를 말합니다. 저런 게 운명이라면 운명을 사랑하지 않을 도리가 있을까요? 삶이 영원히 되풀이된다 할지라도, 매 순간 후회를 남기지 않고 최선을 다해 행동했으니까요.^{●●}

모두가 동의할 수 있는 행동 규칙

지금까지 칸트와 니체의 사상을 같이 보았다. 다시 처음으로 돌아가보자. 누구라도 동의할 수밖에 없는 행동 규칙은 무엇이어야 할까? 자신이 따르는 행동 원칙이 보편적인 법이 될 수 있도록 행동하는 것

● 김재인, 『인공지능의 시대, 인간을 다시 묻다』, 동아시아, 2017, pp.220–221.

●● 김재인, 『생각의 싸움: 인류의 진보를 이끈 15가지 철학의 멋진 장면들』, 동아시아, 2019, p.72.

이다. 보편적인 법이라는 건, 남들도 그 법에 준하는 행동 원칙에 따라 행동하라고 권장한다는 뜻이다. 그것은 또한 내 행동의 원칙과 타인의 행동의 원칙이 같도록 하라는 의미다. 이것이 '보편적인 법' 혹은 '보편'의 의미다. 여기까지는 칸트의 윤리학이라 해도 무방하다.

니체는 한 걸음 더 나아갔다. 어떻게 해야 그 보편성에 이를 수 있을까? 보편적인지 아닌지 굳이 알아야 하는 걸까? 하지만 보편성은 알 수 없는 영역이다. 블랙스완, 즉 지금껏 한 번도 일어나지 않았던 일이 일어날 수도 있기 때문이다. 행동 원칙의 보편성은 앎의 영역이 아니기 때문에 영원히 알 수 없다. 그래서 니체는 요구한다. 행동하되, 영원히 반복되리라는 걸 전제하면, 최선의 행동을 하게 되리라. 후회 없을 행동을 하게 되리라.

니체의 영원회귀는 하나의 가설에 불과한 걸까? 만일 그 가설이 잘못되었다면? 이런 반문은 차라투스트라의 난쟁이처럼 경솔하고 가볍다. 니체는 영원회귀를 따르지 않는다면, 생각이건 행동이건 파괴되어 소멸하리라고 논증했다. '단 한 번만'이라는 전제 아래 하는 행동은 그 한 번으로 영원히 사라질 것이다. 그건 자기 삶에 책임을 지지 않겠다는 것이요, 삶 전체에도, 그러니까 타인과 시간에도 책임지지 않겠다는 선언이다. 무책임하게 살겠다면, 이 또한 모든 것을 감내해야 한다.

하나의 우화로 이 절을 맺겠다. 어떤 두 사람이 선고를 받았다. 한 사람은 지옥으로, 다른 사람은 천국으로 가게 되었다. 두 사람은 삶 전체를 돌아보며 만감이 교차했다. 판관은 두 사람에게 각각 명령했다.

외길을 따라가다 보면 문이 하나 있고, 문을 열면 팻말이 두 개 있는데, 팻말에 적힌 대로 가라. 두 사람은 문까지 함께 갔다. 천국으로 가는 사람이 먼저 문을 열었다. 천국으로 가는 팻말에는 이렇게 적혀 있었다. '네가 지금까지 삶에 행했던 것과 완전히 똑같은 것을 삶이 네게 행할 것이다. 계속 앞으로 가라.' 천국으로 가는 사람은 환호하며 앞으로 갔다. 이번엔 지옥으로 가는 사람이 문을 열고 지옥행 팻말을 보았다. 적힌 글을 읽고 나서 그는 최고의 비참함과 슬픔 속에서 무거운 걸음을 내디뎠다. 천국으로 가는 사람은 물었다. "대체 팻말에 뭐라고 적혀 있던 거요?" 천국으로 가는 사람은 답을 듣는 순간 놀라지 않을 수 없었다. 지옥으로 가는 팻말에는 자신이 본 것과 똑같은 문구가 적혀 있었던 것이다. 천국과 지옥은 한곳이었고, 똑같은 법이 지배하고 있었다.

교통질서는 꼭 지켜야 하나
—법과 자유에 대한 두 접근

교통질서는 꼭 지켜야 한다. 당연한 말이다. 하지만 이 당연한 말을 당연하게 여길 수 없는 사람도 있다. 특히 '질서'라는 말에 거부감을 가진 경우 더욱 그러하다. 사람이 어떤 고정관념이 생기는 것은 '자신이 경험한 특정한 사회적 맥락'에서다. 질서는 그 자체로 나쁜 것은 아닐지라도 그것을 나쁘게 경험해야 했던 사람에게는 나쁜 것으로, 의혹의 대상으로 남아 있다.

몸과 마음에 질서에 대한 거부감이 부지불식간에 밴 것은 불우한 한국 현대사의 경험 때문이다. 식민 지배와 독재 등 반민주 상황을 오래 겪어왔기 때문에 질서에 대해 알게 모르게 편향된 생각을 지니게 된 것이다. 우리는 '자유와 권리'를 충분히 가져보기는커녕 거의 누려보지도 못한 상태에서 무조건 '의무와 책임'을 암기하고 강요받았다. 꽤 오랫동안 우리가 질서를 '선택'한 경험은 거의 없었다. 질서를 지키면 왜 좋은지 느끼고 생각해볼 겨를도 없이, 질서를 지켜야 한다는 명령과 지키지 않았을 때의 처벌을 먼저 배워야 했다. 어쩔 수 없이 질서를 지키긴 했지만, 누가 보지 않으면 질서란 어겨도 되는, 또는 어길수록 더 이익이 된다는 경험칙이 쌓여갔다. 실제로 반칙을 한 자들은 승승장구했다. 친일파는 단죄되지 않았고, 독재자 및 부역자는 돈과 권력을 독점했으며, 일단 부를 획득한 사람들은 법이 뒤를 봐주었다. 법대로 하면 손해를 본다는 '상식'도 '법이나 질서를 반드시 지켜야 한다'라는 주장에 대한 거부감을 더 강하게 만들었다.

이것이 이제까지 우리가 살아온 삶의 역사적·사회적 조건이었다. 이것이 지금까지의 '시대정신'이었다. 그렇지만 잘못은 우리가 살아온 시대의 조건에 있지, 질서 자체에 있지 않다. 따라서 이제 질서에 대해서도 새로운 접근이 필요하다. 최근 경험한 '촛불혁명'은 우리 스스로 질서를 세우려는 에너지의 분출이었다.

사람들이 공동생활을 하게 되면 반드시 규칙이 있어야 한다. 그 규칙의 기원과 발생, 성격과 내용에 대해서는 공동체마다 서로 다른 규정이 있기 마련이다. 이에 대해 학자마다 서로 다른 정당화를 시도해왔다(각종 '계약설'도 이에 해당한다). 사정이 어떻건 간에, 여기서 한 가지 분명한 것은 사람이 모여 살면 이해관계를 조정하기 위한 규칙과 협약이 생겨난다는 점이다. 함께 해야만 하는 일의 역할 분담, 구성원들 사이에서 상충되는 이해를 처리하는 방식, 갈등을 예방하고 가라앉히는 방책, 공동체에 이익을 가져온 자에 대한 보상, 해악을 끼치는 자에 대한 처벌 등과 관련한 크고 작은 규칙은 언제나 있었다. 이런 사회 규칙은 발생 방식, 적용 범위, 강제력 등에 따라 도덕, 윤리, 규약, 법, 제도 등의 이름을 갖는다. 어떤 이름을 갖건 본질은 다를 것이 없다.

사회 규칙에 대한 논의는 '법철학'이라는 이름으로 깊이 있게 다룰 수도 있겠지만, 그렇게 되면 추상적이고 장황스럽게 되기 십상이다. 따라서 문제를 확대하지 않고 작게 다루기 위해 '교통질서'를 놓고 몇 가지 살펴보도록 하자.

교통질서를 왜 지켜야 하는지 이유를 묻는다면 크게 두 가지 답변이 가능하다. 벌금을 내지 않기 위해서라는 것이 하나고, 자신과 타인의 안전을 위해서라는 것이 다른 하나다. 전자는 '외적인 접근', 후자는 '내재적 접근'이라고 부를 수 있다.

외적인 접근은 어떤 것을 행하거나 행하지 않는 이유를 행위 바깥에서 찾는다. 반면 내재적 접근은 어떤 행위의 이유가 행위 안에 있다고 본다. 우리가 어떤 행위를 하거나 하지 말아야 한다고 할 때, 대개는 이 두 접근을 혼용한다. 그런데 이 경우 '옳은 것은 언제나 내재적 접근'이다. 왜냐하면 외적인 접근은 '파생된' 것이고 '사후에' 오는 것이기 때문이다. 그것은 내재적 접근과 비교했을 때 간접적인 이유에 불과하다.

내재적 접근은 다른 말로 '발생적 접근'이라고도 한다. 표현에 집착할 필요도 없고, 말을 어렵게 생각할 필요도 없다. 발생적 접근은, 가령 지금의 맥락을 예로 든다면, 교통법규가 왜, 어떤 경위로 만들어지는가와 본질적으로 관련되어 있다는 점에서, '정적인 접근'에 해당하는 외적인 접근과는 본성상 다르다. 발생에 대한 고려가 사태의 전부를 말해주지는 않을지라도, 어떤 사태에 접근할 때 발생은 대단히 중요한 함축점을 갖는다. 발생의 관점에서 접근한다는 것은 '참여자와 행위자'의 태도를 취한다는 것이며, 정적인 접근은 발생에 거리를 둔 '외적·객관적 관찰자'의 위치에 선다는 것이다. 그리고 오로지 전자만이 실천적 접근일 수 있다.

가령 교통질서의 필요성을 몸소 느껴, 아무 규칙도 없던 상태에서 어떤 규칙을 제정하기로 한 사람이 있다고 치자. 이 사람은 누가 시켜서가 아니라, 다시 말해 외적인 이유 때문이 아니라, 자기 자신이 타인들과 맺고 있는 관계를 고려하고 자신과 타인을 배려하고 싶은 마음에 규칙을 만들려는 것이다. 그는 규칙 제정자, 또는 자기가 지켜야 할 규칙을 만드는 과정에 있는 입법자로서 행위하고 있다.

또한 그가 규칙에 따른 행동을 할 때도 어떤 외적 강제도 없으며, 오로지 내적인 필요exigence가 있을 뿐이다. 그는 누가 시켜서 규칙을 따르는 것이 아니라 스스로 원해서, 자신을 행위의 주인공으로 만들려는 과업project을 현실화하기 위해 실천하고 있다. 요컨대, 그는 누가 보거나 감시하지 않더라도 스스로 바르게 행동하고자 한다.

이것이 '규칙'에 숨어 있는 진실이다. 사회 규칙은 일차적으로 오직 이 관점에서만 설명되고 정당화된다. 다른 모든 이유는, 설사 타당한 부분이 있더라도, 모두 이 관점에 종속된 이차적인 허구의 구성물이다. 불에 데어본 아이는 다시는 불에 가까이 가려 하지 않는다. 아이가 불에 가까이 가지 않는 것은 '금지' 때문이 아니다! 이 경우 금지는 이차적으로는 타당할 수 있겠지만(아이에게 조심시키기), 아이가 자신의 규칙(불에 가까이 가지 않기)을 지키는 것은 금지(불에 가까이 가면 혼날 것이다) 때문이 아니라 자신의 경험칙(불에 데면 고통스럽다) 때문이다.

세상의 모든 질서를 거부하는 것은, 더 일반적으로 모든 규칙을 어겨보려 하는 것은, 아이처럼 유치한 행동이다. 규칙을 스스로 만들어 본 적이 없는 사람은 모든 규칙을 부정적으로 평가하는 경향이 있다. 모든 규칙은 금지를 내포하기 때문에 자신을 억압한다는 판단이 앞서는 것이다. 규칙은 '하라'와 '하지 말라'를 내용으로 갖고 있다. 이런 사람을 무작정 탓할 수는 없지만, 이 사람을 설득하기 위해서는 엄청난 사회적 노력이 필요하다. 하지만 그에게 손수 규칙 제정의 기회를 부여한다면, 그의 행동은 곧 바뀌게 될 것이다.

로크 같은 고전적 자유주의자들이 견지하는 기본 원칙을 따르자면, 자신의 자유를 무제한으로 행사하려는 것보다는 자신의 자유가 타인에 의해 침해될 소지를 최대한 줄이려는 노력을 우선적으로 해야 한다. 그러한 자유를 우리는 '소극적^{negative} 차원의 자유'라 부를 수 있겠다.

이와 관련된 논의를 이어가기 위해 『통치론』에 있는 로크의 말을 보자.

> 물론 잘못된 말일 수도 있겠지만, 법의 목적은 자유를 없애거나 억누르는 것이 아니라 자유^{freedom}를 보존하고 확장하는 것이다. 법을 사용할 능력을 지닌 피조물의 온갖 상태를 살펴보면, 법이 없는 곳에는 자유도 없으니 말이다. 왜냐하면 자유^{liberty}란 타인으로부터의 강제와 폭력이 없는 것을 뜻하기 때문이다. 그런데 이런 상태는 법이 없다면 있을 수 없

다. 또한 우리가 익히 들어온 것처럼, 모든 사람이 자신이 바라는 일을 하는 것이 자유는 아니다(모든 다른 사람이 기분 내키는 대로 자신에게 권력을 휘두를 때 도대체 누가 자유로울 수 있겠는가?). 오히려 자유는 자신이 속한 법이 허용하는 범위 내에서 자신의 인격, 행위들, 소유물들, 전 자산 등을 자기가 원하는 대로 처분하고 정돈하는 것을 가리키며, 그 안에서 타인의 자의적인 의지에 종속되지 않고 자신의 의지를 마음대로 따르는 것을 가리킨다.

일반적인 견해와는 달리, 로크는 법이 인간을 구속하는 것이 아니라 오히려 인간의 자유를 '보호'하고 '증진'한다고 주장한다. 우리는 보통 자신의 의지를 마음대로 행사하는 것이 자유로운 것이라고 생각하기 쉽다. 하지만 모든 사람이 자신의 의지대로, 자기가 하고 싶은 대로 행동한다면 의지들 간에 서로 충돌이 생길 수밖에 없고, 결과적으로 한 사회 속에서 각자의 자유는 위축되고 말 것이다. 내가 마음대로 행하면 자유지만 남이 마음대로 행하면 자유의 훼손인 것이다. 따라서 법의 관여가 필요하다. 법은 모든 이의 자유를 일정한 한도 내에서 제한한다. 기본적으로 타인의 자유를 침해하는 행위가 금지될 때 각자의 자유가 보호될 수 있기 때문이다. 법이 정한 한도 내에서만 각자 마음대로 행동하는 것, 이것이 '사회 속에서의 자유'인 것이다. 사회 속에서의 자유는 이처럼 소극적이고 방어적일 수밖에 없다. (존 스튜어트 밀이 견지하는 자유주의 입장도 로크의 이런 맥락을 따르고 있다.)

일단 로크의 입장을 수용하도록 하자. 그렇게 되면 이제부터는 '누가 법을 제정하느냐' 하는 문제가 남는다. 우리는 일단 제정되어 있는 법(실정법實定法)을 따르는 데는 익숙해 있지만 막상 법을 제정하는 문제(입법立法)에 관해서는 그다지 주목하지 않는다. 어떤 법이 있을 때, 내가 그것을 따르는 데 '동의할 수 있는지 동의할 수 없는지' 실제로는 알기 힘들다. 구체적인 법령에 대한 실제적 검토가 있어야 겨우 알 수 있을까 말까다. 또한 보통 사람이 현실적으로 이런 검토를 하는 것은 쉽지 않은 일이기도 하다. 그래서 여기서 강조하고 넘어가야 할 점은, 우리가 로크의 입장을 받아들인다 해도, 이때의 법은 경험에서 비롯된 관습법이지 통상적인 실정법을 전부 포괄하는 것은 아니라는 점이다. "악법도 법이니까 지켜야 하는 것이 아니라 악법은 악이므로 없애거나 고쳐야 한다." 이것이 오늘날 우리가 획득한 법 개념이다.

실정법이란 법전에 있는 법을 말한다. 실정법적 관점에서 보게 되면 모든 법은 다 똑같이 존중하고 따라야 할 것 같다. 하지만 이는 잘못된 생각이다. 시민 주권의 관점에서 볼 때 "악법도 법이다"라는 말은 시대착오적 관념이다. 법은 누구를 위한 것인가? 바로 시민들 각자를 위한 것이다. 따라서 시민들에게 유익하지 않은 법이라면, 적절한 절차를 통해 시민들은 법을 고칠 수 있다. 그럴 권한이 있다. 이것이 시민 주권의 원리다. 민주주의의 기본인 입헌주의가 천명하고 있는 바가 이것이다. 악법은 법이기 때문에 지켜야 하는 것이 아니라, 오히려 적절하게 고쳐야 한다. 실정법은 항상 더 좋게 개정되기 직전의 상태에 있는 법인 것이다. 현대사회의 주인은 시민이다. 영국 전통에서 법은 현실 문제를 조정하고 조율하기 위해 만들어진, 경험에 근거한 '판

례법'이었다. 그것은 끊임없이 개정되고 있는 진행형의 법이라 할 수 있다. 로크가 말한 법 역시 입법자로서의 시민들이 끊임없이 개정해가고 있는 법이다. 이 점을 꼭 기억해야 한다. 시민들은 스스로 만들었기 때문에 법을 지키려고 하는 것이다.

개인보다는 법이 항상 앞서 있지만, 본래 법은 개인의 집합인 시민 뒤에 온다. 여기서 문제가 하나 생긴다. 불특정 다수를 가리키는 시민은 통일된 의견을 갖고 있다기보다는 오히려 대부분의 경우 서로 상충되는 의견을 갖고 있기 때문이다. 서로의 이해관계도 상이하다. 따라서 법이 제정되는 과정에서 투쟁은 필수적으로 수반된다. 법은 투쟁과 타협의 결과물이다. 그리고 법을 둘러싼 투쟁은 필연적으로 되풀이될 수밖에 없다. 이 과정을 우리는 '정치'라 일컫는다.

4장

앎의 조건의 변화와 학문의 응수

NEW NORMAL PHILOSOPHY OF

PHILOSOPHY OF
NEW NORMAL

4.1
조건의 변화와 철학의 의무

우리는 조건을 성찰하는 데 익숙하지 않다. 우리는 진공 속에 있지 않다. 모든 일은 구체적 조건에서 일어난다. 일면 같아 보이는 것도, 조건이 다르면 전혀 다른 사건이다. 인공지능, 기후위기, 감염병 대유행 등은 최근에 막 시작한 새 시대의 변별적 특징이다. 역사에서 '세기'라는 시대 구분은 숫자에 불과할 뿐 별 의미가 없어 보인다. 하지만 다른 시각도 가능하다. 프랑스혁명이 발발한 1789년부터 제1차 세계대전이 발발한 1914년까지가 역사적인 의미의 19세기였고, 다시 그 후로 코로나19가 발발하기 직전인 2019년까지가 20세기였다면, 인류는 이제 막 실질적인 21세기를 맞이하고 있다. 대략 100년을 전후로 세상은 급진적 변화를 겪곤 했다.●

혹자는 백신과 치료제가 나오기만 하면 전으로 돌아갈 수 있을 것이라는 낙관론을 펼친다. 나는 이에 동의하지 않는다. 코로나19는 세계화를 막 완성한 자본주의의 여러 증상 중 하나일 뿐이기 때문이다. 2002년 사

● 역사학자 홉스봄Eric Hobsbawm은 이른바 '단기 20세기'의 끝을 소련과 동구권이 붕괴한 1991년으로 잡는다. 한편 1789년부터 1914년까지는 '장기 19세기'라고 명명되었다. 21세기의 시점을 언제로 보아야 할지는 훗날 역사가 밝혀줄 것이다.

스, 2009년 신종플루, 2015년 메르스, 그리고 2019년 코로나19 등 인류는 아주 짧은 주기로 감염병을 겪고 있다. 과학자들은 세계화가 마무리되어가면서 특정 지역에 존재했던 풍토병이 전 세계로 확산되기 때문이라고 원인을 진단한다. 이제 인간의 발길이 닿지 않은 오지는 없으며, 심지어 모든 오지들은 서로 연결되었다. 인적·물적·정보적 교류는 그만큼 촘촘하게 엮여 진행되고 있고, 이에 따라 좁은 지역에만 머물던 각종 풍토병도 망을 따라 각지로 전파되는 상황이다. 나는 이를 자본주의 세계화의 완성이라고 본다. 이제 전 세계 오지의 풍토병이 모조리 전 지구로 퍼질 때까지 감염병의 주기적 대유행은 멈출 수 없다.

또한 2010년 전후 급격히 발전한 인공지능 기술은 인간의 정신적·육체적 노동을 급속히 대체하고 있다. 흰 위생복과 보호 장구를 착용하고 현미경을 들여다보며 반도체를 검수하던 사람들은 이제 인공지능 알고리즘과 카메라에 일자리를 내주었다. 코로나19로 급격히 비접촉, 즉 '언택트untact' 국면이 되면서, 인간의 일자리를 위협하던 로봇과 드론 같은 것들이 빠른 속도로 인간을 대체하고 있다. 새로운 일자리가 생길 거라는 혹세무민적 전망도 있지만, 인공지능 기술이라는 조건은 과거와는 전적으로 다르다. 지금은 이미 세계화가 마무리되어 있어서 더 이상 하급 노동을 외주로 줄 수 있는 곳이 없다. 지금까지는 값싼 노동력을 찾아 국내의 일거리와 일자리를 외부에 위탁함으로써 이윤을 창출했지만, 이제 지구는 그럴 여지가 없다.

근대에 이루어진 에너지 소비와 온실가스 배출로 지구는 인간을 포함한 생물들이 생존하기 힘들 정도로 변했다. 과학자들은 폭염과 혹한의 기상이변, 태풍과 산불의 자연재난, 해수면 상승과 생태계 붕괴, 전염병의 확산, 식량 부족과 기후난민의 증가 등 '기후변화'라는 말로도 부족한 '기후위기'가 닥쳤다고 말한다. 2019년 9월 4일 기후위기비상행동은 다음과 같이 선언했다. "0.5도 남았습니다. 지난 100년간 산업 문명은 지구의 온도를 1도 상승시켰습니다. 무분별한 화석연료 사용이 낳은 온실가스 때문입니다. 그 속도는 인류 출현 후 유래가 없을 정도입니다. 그리고 과학자들은 1.5도가 마지노선이라고 말합니다. 1.5도를 넘어설 때, 지구의 평형은 다시 회복될 수 없고, 인류 문명을 지탱해온 조건이 붕괴한다고 말합니다. 이제 남은 온도는 0.5도입니다."● 남은 시한은 10년 남짓이다. 게다가 영구동토층이 녹으며 그 안에 갇혀 있던 각종 병원病原이 인간에게 쇄도하고 있다. 코로나19가 아니더라도, 인류의 멸종은 멀지 않았다는 것이 과학자들의 진단이다.

이런 조건에서 우리는 계속해서 과거와 같이 살아갈 수 없다. 급격하고 급진적인 변화가 필요하다. '보통 사람들이 동의하지 않을 것이다, 자본가들을 막을 순 없다, 미·중 강대국의 반동을 극복하기 어렵다, 긴 안목으로 계획을 잘 짜서 순서를 맞춰가야 한다' 등 회의적인 시각도 많다. 그럼에

● 기후위기비상행동 홈페이지, http://climate-strike.kr/

도 불구하고 근본적이고 급진적인 변화 말고는 달리 행동할 수 없다. 불행 중 다행으로 코로나19는 인류에게 많은 것을 강제하고 있다. 행동하지 않으면 모두 죽는다는 걸 실감 나게 알려주고 있다.

　나는 인공지능이 초래한 급격한 변화에 주목하면서 17세기 과학혁명을 참조한 적이 있다. 홉스, 데카르트, 스피노자, 라이프니츠Gottfried Wilhelm Leibniz, 로크, 흄, 칸트 등 초기 근대의 철학자들 역시 과학혁명과 연관시키지 않고서는 제대로 이해하기 어렵다. 이들은 과학혁명이라는 변화에 대응하기 위해 새로운 학문을 발명했기 때문에 오늘날까지 이름을 남길 수 있었다.

　데카르트는 이른바 '과학혁명' 시기를 지나가고 있었어요. 마찬가지로 스피노자나 독일의 라이프니츠도 수학과 자연과학이 급격하게 종교에서 독립하는 시기를 살았고요. 2,000년 넘게 상식이라고 생각했던 것들이 무너져 내리고 있었습니다. 이건 엄청난 충격이었지요. 모든 것이 위태로워졌고, 새롭고 단단한 토대가 필요했습니다. 당대에 많은 사람들이 이를 위해 노력했고 데카르트는 탁월하게 그 일을 해낸 첫 번째 인물이었습니다. 데카르트는 시대가 요청한 문제에 응답한 철학자였던 거지요. 과학혁명의 진짜 의미를 알아야 합니다. 이 시기에는 기존 세계가 무너진 정도가 아니라, 완전히 새로운 세계가 우리 세계의 터전에 있다는 점이 처음 알려진 겁니다. 과학혁명은 우리가 보고 느끼고 체험하는 것들Human Experiences이 자연의 실상과 다르다는 충격을 주었습니다. 우리의 경험 세계와는 또 다른 세계가 우리와 함께 있다는 사실을 알게 된 거죠. 이 세계는 수학이라는 언어를 통해서만 포착됩니다. 그래서 과학혁명 이후 인간이 사용하는 언어가 둘이 되었어요. 하나는 일상어이고 다른 하나는 수학입니다. 우리는 여전히 진화 과정에서 생겨난 일상어를 쓰지만, 여기에 더해 수학으로 기술되는 자연과학이 창조된 겁니다. (중략)

모든 철학은 당대의 자연과학과 나란히 가야 합니다. 그렇지 않은 철학은 구식이에요. 실제 세계를 모른 채로 철학하게 되는 거니까요. 데카르트, 스피노자, 라이프니츠, 로크, 버클리, 흄 등 17~18세기 철학자들의 가장 중요한 특징은 이들이 당대의 자연과학과 동시대적으로 작업했다는 점입니다. 거기에 더해 자연과학 지식이 우리에게 답변해주지 못하는 것들까지 논하려고 했던 거죠. 자연과학 지식을 모른 채 그렇게 한 게 결코 아니라는 겁니다. (중략)

요약하겠습니다. 1만 년 전 인간과 17세기 인간은 마치 종이 바뀐 것처럼 차이가 컸습니다. 자연과학이 알려준 새로운 세계가 생겨났거든요. 지금 우리가 맞닥뜨리고 있는 정보통신기술, 인공지능, 로봇공학 등의 유례없는 발전은 또 다른 새로운 시대를 예고하고 있습니다. 어쩌면 저 과학혁명 시기의 연장으로 볼 수도 있어요. 하지만 나는 지금 시대가 그런 과학혁명 시기와 비슷한 '단절'을 겪고 있다고 봐요. 과학혁명 시기에 데카르트를 비롯한 선배 철학자들이 했던 것과 같은, 새로운 철학이

있어야 한다고 생각합니다.●

    불과 몇 년이 지나지 않은 지금, 우리는 코로나19의 한가운데서 더 큰 변화를 사고해야만 하게 되었다. 앞에서도 이야기했지만, 나는 지금 우리가 처해 있는 조건을 구성하는 세 가지 핵심 성분으로 인공지능, 기후위기, 감염병 대유행을 꼽았다. 이 조건은 현재의 삶과 미래의 인류에게 벗어날 수 없는 한계로 닥쳐왔다. 이제 전으로 돌아가는 것은 불가능하다. 따라서 이 조건을 전제로 새로운 사상을 발명해야만 한다. 새로운 학문과 교육과정도 필요하다.

● 김재인. 『인공지능의 시대, 인간을 다시 묻다』, 동아시아, 2017, pp.261-264.

4.2
배우는 법을 배우기

우리는 지금 어디에 있는 걸까? 역사의 시계를 조금 돌려보자. 1979년 프랑스 철학자 장프랑수아 료타르 Jean-Francois Lyotard 는 『포스트모던 조건: 앎에 대한 보고서』●라는 얇은 저서를 발표했다. 이 보고서는 "고도 선진 산업 사회에서의 앎의 문제들les problèmes du savoir dans les sociétés industrielles les plus développées"을 논해 달라는 캐나다 정부(퀘벡주 대학협의회)에서 의뢰를 받아 작성되었다. 이 책은 1980년대에 유행처럼 번진 '포스트모더니즘'의 경전으로 여겨졌지만, 실상 프랑스 지식계에서 '포스트모더니즘'이라는 용어는 사용된 적이 없다. 중요한 건 이 책이 당시 시대적 조건에 부응하는 도전과 실험이었다는 점이다. 맥락은 조금 다를 수 있지만, 우리에게도 지금 시대에 맞는 '앎에 대한 보고서'가 필요하다. 료타르의 작업은 컴퓨터의 발전으로 인한 "사회의 정보화informatisation de la société"●●라는 조건에서 행해졌지만, 그는 우리가 겪고 있는 현재 상황, 말하자면 인공지능, 기후위기, 지구적 감염병 대

● Jean-Francois Lyotard, *La condition postmoderne. Rapport sur le savoir*, Minuit, 1979. 한국어판은 『포스트모던적 조건』(이현복 옮김, 서광사, 1992).

●● 같은 책, p.14.

유행이 얽혀 있는 상황은 꿈에도 상상하지 못했었으니 말이다.

　대한민국이 맞닥뜨린 현실은 지구의 미래를 위한 분석의 출발점으로 삼아도 좋을 것 같다. 한국은 엄청나게 빠른 속도로, 후진국에서 선진국으로 진입했다. 자각하고 있지는 못할지라도, 2020년 기준 한국은 세계 강대국 순위^{Power Ranking} 9위, 제조업 세계 5위, 교역량 세계 10위 안쪽에 있는 '선진국'이다. 이 중 특히《US뉴스^{US News}》를 통해 발표된 강대국 순위는 시장조사 및 컨설팅기업 BAV그룹, 마케팅기업 VMLY&R, 펜실베이니아대학 와튼스쿨 등에서 73개국에 대해 2만 명을 대상으로 벌인 설문조사를 통해 '지도자, 경제적 영향력, 정치적 영향력, 국제 동맹의 강도, 군사력' 등 다섯 가지 특성에 기반을 둔 점수의 등가 평균에 기초하여 산정한 국제 랭킹이다.●

　아마도 ①'자신'에게 체감되지 않는다는 상대적 박탈감과 ②오랜 개발도상국적 인식의 '타성', 그리고 ③국내에서 매번 반복되는 다층적 문제 (풀어야 할 문제가 너무나 많다!) 때문에 객관적 사실이 믿기지 않을 수도 있다. 하지만 어디까지나 사실이다. 우리는 코로나19 사태를 통해 이른바 '선진국'들에도 많은 문제가 있음을 또렷이 목격하고 있지 않은가. 해결해야 할 문제가 많다는 게 한국이 아직 '선진국'이 아니라는 증거는 못 된다. 한국이 후지다면, 그동안 우리가 알던 선진국도 역시 후지다. 우리가 알던

● 《US뉴스》 홈페이지, https://www.usnews.com/news/best-countries/power-rankings

선진국이란 과연 무엇이었던가? 선진국이라는 환상은 깨졌고 액면가가 그대로 드러났다.

일례로 몇십 년 전까지만 해도 한국은 '빨리빨리'라는 표현으로 비웃음 당하곤 했지만 어느덧 한국의 힘을 상징하는 '다이나믹코리아'로 평가가 바뀌었다. '빨리빨리' 문화와 '다이나믹코리아'가 사실은 같은 '에너지'임을 이제 누구라도 자각하지 않을 수 없게 된 것이다.●

앎의 영토에서 후진국일 때, 무엇을 배워야 할지에 대한 답은 비교적 단순했다. 선진국이 이미 알아낸 것을 빨리 배우면 되었다. 무릇 앎에는 '지식'과 '기능'이 포함된다. 여기서 지식은 '사실에 대한 앎(x는 y다)'을 가리키고, 기능은 '하는 법에 대한 앎(z를 할 줄 안다)'을 가리킨다. 요컨대 후진국일 때는 선진국을 빨리 따라가는 것이 능사였다. 이것을 '빨리 따라잡기fast follow' 전략이라 불렀다. 따라서 선진국 유학은 분명 유효한 전략이었다. (유학의 후유증에 대해서는 짚어가는 글 5에서 따로 적겠다.)

후진국에서 벗어났다는 건 알고 싶은 것을 남한테서 얻을 수 없게 되었

● 일본의 대표적 반한反韓 보수 논객인 구로다 가쓰히로 《산케이신문》 서울 주재 객원논설위원은 코로나 19 초기 상황인 2020년 2월 17일 자 칼럼("모든 재난은 인재다")에서 한국인의 이런 특성을 너무도 잘 묘사해서 놀라움을 자아낸다. "한국은 집중도가 높은 사회로, 사람들의 관심이 단번에 높아지고 집중되는 경향이 있다. 5,000만 인구에 관객 1,000만 명이 돌파하는 인기 영화가 자주 등장하는 것도 그렇고, 서울 도심에서 종종 '100만 명 데모' 같은 정치적 분위기 고조도 같은 것일지도 모른다. (중략) 또한 박근혜 전 정권의 교훈도 있다. 박 전 대통령의 몰락과 추방은 다수의 사망자를 낸 여객선 세월호 침몰 사고가 미묘하게 영향을 주고 있다. 세상을 뒤흔든 대형 재난은 반드시 정치적 책임으로 이어진다. 특히 한국인에게는 '모든 재난은 인재'라는 발상이 있다. 그리고 한국인은 인재 중 가장 큰 원인은 정치라고 생각한다. (중략) 지금은 아베 정부가 문재인 정부로부터 배우지 않으면 안 된다."

다는 뜻이다. 무지無知의 수준이 평등해졌다고 말할 수도 있다. 이런 상태에서 앎은 발명이나 창조의 문제다. 말하자면 이 지구상에서 아직 아무도 모르니, 자신이 손수 알아내야만 한다. 구체적으로 풀어 말하자면, 알아야 할 것은 너무도 많고, 풀어야 할 문제는 너무나 가지각색이다. 이럴 때 필요한 것이 앎을 만들어내는 능력이다.

이런 구분은 들뢰즈가 말하는 '재인식recognition'과 '배움apprenticeship'의 구분과 대응한다. 들뢰즈에 따르면, 재인식은 이미 아는 것을 확인하는 것이고, 배움은 처음으로 알아가는 것이다.● 재인식으로서의 배움과 참된 배움의 차이를 '길'과 관련해 살펴보자. 한 시인은 노래했다. "길은 내 앞에 놓여 있다"라고. 다른 시인은 노래했다. "길은 가면 뒤에 있다"라고. 시인의 이름을 거명하지 않은 이유는 표현에만 주목하기 위함이다. 사실 처음부터 길이 있지는 않았다. 특히 오지에 던져진 경우라면. 따라서 여기저기 가봐야 한다. 그러다 보면 길이 생긴다. 길이란 이런 과정을 통해서만 생성되며 이것이 참된 배움이다. 그다음에 이렇게 난 길을 따라가는 것이 재인식으로서의 배움이다. 재인식에서 중시되는 '방법method'이라는 말은 그 어원부터 '(이미 나 있는) 길rhodos'을 '따라가는 것meta'이지 않던가?

한편 재인식과 배움은 각각 분석 상황과 종합 상황에 대응하기도 한다. 분석 방법의 한계를 잘 보여주는 다음 구절을 보자.

● 이 주제에 대해서는 「들뢰즈의 예술론을 통해 본 예술가적 배움: 초기 프루스트론을 중심으로」(김재인, 《미술과교육》 15집 1호, 2014)에서 다룬 바 있다.

뉴노멀의 철학

경제적 과정에서 가장 중요한 측면은 바로 새로운 것들이 출현한다는 점이다. 물론 그러한 새로운 것들의 출현도 예측할 수 없는 것이기는 하지만, 이것은 동전의 앞면 뒷면이 나오는 것을 예측할 수 없다는 것과는 사뭇 다른 의미다. (중략) 〔그것은〕 시간의 흐름 속에서 오로지 한 번만 일어나는 독특한 사건이며, 나아가 항상 질적인 변화를 표현하고 있다. 그러므로 분석적 모델로는 새로운 것들의 출현을 다룰 수 없음은 당연하다. 분석적 모델로는 오직 양적 차원의 변화들만 다룰 수 있기 때문이다. 또 그 모델의 기초 전제에 이미 함축되어 있는 것만 연역해낼 뿐, 어떤 새로운 것을 얻을 수는 없다.●

경제학에서만이 아니라 인문·사회과학에서도, 새로운 것의 출현이라는 현상은 분석의 영역이 아니라 종합의 영역이다. 철학에서 분석이란 기존의 것들로 환원하는 설명이고 종합은 새로운 것의 출현을 설명한다. 동전 던지기의 사례와는 달리 통계적으로 확률을 구할 수 없는 경우에, '우발$_{contingent}$', '우연$_{chance, accident}$', '무작위$_{random}$' 등의 용어로 지칭하곤 하는데, 이는 확률적 범위마저 예측 불가능하게 넘어선다는 뜻이다. 종합적 현상을 분석의 방법으로 접근하려 하면 필패한다.

조금 거칠고 도식적이지만, 후진국적 앎은 재인식과 분석이고 선진국

● Georgescu-Roegen, 1979, "Methods in Economic Science", *Journal of Economic Issues XIII* (2, June), p.321.

적 앎은 배움과 종합이다. 지금 시점에서 우리에게 필요한 건 배움과 종합이며, 더 이상 재인식과 분석만으로는 충분치 않다. 이런 자각은 앎의 최첨단에 놓였을 때 생겨난다. 그런데 지금 우리에겐 이런 자각과 새로운 앎의 필요가 절박하게 다가오고 있다.

4.3
선례가 없다는 것을 새로운 기본값으로 받아들이기

코로나19 사태는 인식의 전환점을 마련해준 역사적 사건이다. 내부에 많은 정치적 갈등과 논란이 혼재하지만, 한국의 시스템은 적합한 수준으로 작동하고 있다. 많은 문제점을 노출했는데도 시스템이 적합하게 작동하고 있다는 것은 무슨 뜻일까? '적합하다'라는 말은 어떤 의미로 이해해야 할까? '적합함'은 '확실함'과 다르다. 확실함이 수학적 앎에 어울린다면, 적합함은 과학적 앎과 관련된다.

나는 데카르트가 추구한 '확실함'과 스피노자가 추구한 '적합함' 사이의 차이를 다음과 같이 설명한 바 있다.

데카르트는 적합한 관념이 아니라 확실한 관념을 원했습니다. 확실성을 추구한 거죠. 내가 인식한 것이 확실한지 아닌지 알고 싶어 했습니다. 적합한 것과 확실한 건 차이가 있죠. 적합성은 확실성에 못 미칠 수도 있습니다. 가령 책장을 만들 때 나사를 박는다고 해보죠. 알맞은 도구인 드라이버가 있어야겠죠. 만약 나사못 홈에 잘 맞으면 확실한 도구입니다. 그런데 적합한 도구라고 하면 치수가 좀 달라도 돼요. 심지어 힘만 있으면 나사못을 때려 박을 수도 있습니다. 그러니까 적합하다는 건 실천적인 대응이 될 수 있다는 뜻입니다. 앎을 얻을 때 확실한 게 중요한 게 아니라, 잘 작동하느냐, 적절히 잘 써먹을 수 있느냐, 그런 걸 추구한 겁니다. 이런 차이가 데카르트와 스피노자의 관심사의 차이를 잘 보여줍니다. 확실한 앎을 얻을 수 있느냐와 적합한 앎을 얻을 수 있느냐는 목적에서 차이가 납니다.●

요컨대, 코로나19에 대한 한국의 방역과 대응은 확실하고 완벽하진 않지만 적합하다고 평가할 수 있다. 적합한 앎과 관련해서는 '세계를 변화시키기 위해 잘 써먹을 수 있는지'가 관건이며, 잘 작동하면 그것으로 충분하다. '생활 속 거리 두기'를 시행하면서 무관중 프로스포츠 개막, 전 국민 재난소득 지원, 초·중·고 온라인 수업 및 등교, 온라인 입사 시험 등 여러 실험이 행해지고 있다는 것이 그 방증이다. 실험이 가능하다는 건 사회 시스템이 적합하게 지탱되고 있다는 뜻이다.

과학에서 가장 중요한 것은 비판적·실증적 태도다. 증거를 수집하고, 가설을 세우고, 가설을 검증하고 교정하는 과정. 이것이 과학을 의미 있는 활동으로 만드는 요소다. 가설은 아무리 대담해도 좋지만, 실증의 뒷받침을 받는 비판에 개방적이어야 한다. 여기까지는 과학철학 개론서에 다 나

● 김재인, 『생각의 싸움』, 동아시아, 2019, p.349.

올 법한 이야기이니, 이쯤에서 멈추겠다.

그렇다면 대응을 둘러싸고 왜 이토록 많은 논란이 계속되고 있으며, 시스템이 적합하게 가동되지 않는다고 여러 목소리로 야단법석일까? 내가 생각할 때 가장 중요한 이유는 코로나19 사태가 '선례 없는' 사건이라는 데 있다. 선례가 있었다면? 우리가 그토록 떠받들어 왔던 선진국에서 코로나19 사태를 잘 처치한 선례가 있었고 매뉴얼이 있었다면? 그토록 깊이 각인된 노예근성에 맞춰, 선진국을 따라 배우면 되었다. 설사 그들이 제공한 매뉴얼이 잘 작동하지 않더라도, 그건 그들의 잘못이지 우리 책임이 아닐 수 있었다.

그런데 이번에는 오히려 그동안 선진국이었던 나라들이 한국을 지켜보며 오히려 매뉴얼을 요청하고 있다. 과거에 이런 적이 있었던가? 많은 지식인들이 당황하는 지점이 이곳이다. 전문가는 두 종류가 있다. 이미 알려진 것을 빨리 습득한 전문가와 아직 모르는 것을 제일 먼저 알아내는 전문가. 전자를 후진국형이라 한다면, 후자는 선진국형이라 부를 수 있으리라. 이는 앞서 말한 재인식과 배움, 분석과 종합에 각각 대응한다.

방역만이 아니다. 한국은 민주주의에서도, 예술 창작에서도, 기술 발전에서도, 여러모로 선례 없음을 겪고 있고 만들어가고 있다. 이는 '국뽕'이 아니며, 국수적이고 과장된 민족 우월주의도 아니다. 사회가 전체적으로 고르게 발전하는 게 아니라 부문마다 발전 속도가 다르다는 점을 감안하면, 또한 이른바 '레거시 legacy (전통)'가 혁신의 발목을 잡는 부문도 제각각이라는 점을 염두에 두면, 한국은 선진국에 진입하는 성장통을 앓고 있는 중이다.

한국은 이 선례 없는 상황에 혼란스러워하고 있다. 불쑥 커버린 몸에 맞게 인식 수준을 성장시켜야 한다는 과제를 요란하게 풀어가는 중이다. 나는 과학자 이도李祹에게 고맙게 생각한다. 한글이라는 발명품 덕분에 전 국민 누구라도 소셜미디어를 통해 빠르게 의견을 개진할 수 있고 이해할 수 있게 되었기 때문이다.

한국인의 급한 성질은 변화와 발전 앞에서는 이롭게 작용했다. '빨리빨리' 문화가 결국은 '다이나믹코리아'의 동력이었음을 상기하고, 더는 자기 비하 없이 스스로 이룩하고 있는 것에 긍지를 갖는 인식의 변화가 필요하다. 한편 개발자, 의료진, 자원봉사자 등을 이른바 '갈아 넣기' 하는 것에 대한 자조 섞인 비판도 있다. 중요한 건 이런 '갈아 넣기'가 더 이상 일방적 희생으로 그치지 않아야 하고, 적절한 보상 시스템이 함께해야 한다는 목소리와 공감대가 커졌다는 점이다. 사회적 행위에는 제 몫의 평가가 뒤따라야 한다. 발견된 문제를 원천적으로 해결하는 것이 최선임을 우리는 알고 있기 때문이다. 선진국에 어울리는 제도는 자부심의 마침표가 될 것이다.

코로나19에 대한 한국 정부의 대응을 칭찬하는 목소리를 두고 '국뽕' 또는 정신 승리가 아니냐는 비판도 있다. 우리가 아직 사건의 한가운데 있기 때문에, 아니 사건의 초입인지 출구 근처인지조차 알 수 없는 상황이기 때문에, 여전히 조심스럽게 평가해야 마땅하다. 하지만 대응 과정에 대한 중간 평가는 여전히 유효하다. 앞으로 어떻게 해야 할지에 대한 방향을 잡기 위해 꼭 필요하기 때문이다. 지금까지 잘해왔다면 방향을 유지하면 되고, 잘하지 못했다면 방향을 수정해야 한다.

이 지점에서 꼭 짚고 가야 할 게 있다. 바로 '국뽕'을 가르는 기준이다. 스스로를 무조건 추켜세우는 일은 조심해야 하지만, 그렇다고 긍정적인 평가에 너무 조심스럽고 소극적인 것도 좋지 않기 때문이다. 나는 평가에서 중요한 기준이 '보편성'에 있다고 본다. 남에게 권유할 수 있다면 보편적이다.

가령 중국식 방역은 남에게 권할 수 없다. 전체주의적인 전면 통제는 다른 민주국가에서 따라 할 수 없기 때문이다. 중국의 방식은 제한적이다. 일본의 초기 방역은 어떤가? 문제가 있는데도 검사를 하지 않고 숨기고 축소하다 결국 크게 사고를 치고 말았다. 영국과 스웨덴은 '집단 면역'을 시도하다 실패했다. 집단 면역은 백신이 있어야 가능한 시도고, 백신이 없을 땐 '집단 자살'이나 다름 없다. 이들의 방식은 보편성을 결여하고 있다.

한국식 방역은 어떠했는가? 투명성을 바탕으로 신속하면서도 과학적으로 문제에 대응했다. 다른 국가들이 한국의 방식을 따라 하고 있다. 바로 이 지점에서 보편성을 말할 수 있다. 우리가 강조하는 것은 '한국'이 아니라 한국이 사례로서 검증한 후 제시한 '보편성'이며, 한국은 보편성이라는 시금석과 마주하고 있다. 우리는 이제 변화된 조건을 살아가기 시작했다.

유학 생활이 정신을 어떻게 재편할까

나는 오로지 한국에서만 공부했다. 따라서 20대 중반 무렵 이국으로 떠난 청춘들이 무엇을 겪었는지는 다만 추측해볼 수 있을 따름이다. 나의 추측은 '언어'를 중심에 놓는 학문 분야에 국한된다. 곧 문필literature이 핵심이 되는 분야, 문학이나 철학 등이 그 대상이다.

사실 유학을 갈 정도라면 나름대로 해당 분야에서 내로라할 능력을 보유했다고 보아도 무방할 것이다. 그런데 유학길에 오르면, 가장 먼저 짓누르는 것이 바로 언어의 무게다. 생활(생존)에도 교습에도 꼭 필요한 수단인 타국의 언어. 물론 한국에서 열심히 언어를 익혔겠지만, 원어민 수준에는 한참 못 미칠 수밖에 없다. 이 지점에서 매일매일 확인하게 되는 사실(!)은 "난 바보 아닌가, 말도 못 하다니"라는 압박이다. 한국어로는 능수능란하게 자기 의견과 주장을 펼칠 수 있었는데, 외국어로는 다 표현이 안 된다. 생각은 앞서가는데, 소통은 자꾸 막힌다. 이건 내가 박사학위를 받은 후 외국 학술대회에 참석했을 때 자주 겪어본 일이다.

개인 편차는 있겠지만 얼마의 시간이 지나면, 대략 해당 언어를 따라잡을 수 있게 된다. 그런데 이게 안 되는 경우도 많다고 들었다. 아무튼 나는 그사이 시간에 어떤 일이 벌어질지 무척 궁금하다. 아마도 정신의 재편이 일어날 것 같다.

좌절감과 자괴감을 일정 시간 이상 겪게 되면 그것은 자아의 일부가 되기 마련이다. 흄이 지적했듯이, 이건 '습관'의 문제. 일정 횟수가 반복되면 자연스레 습관이 만들어지는 법. 나는 이 와중에 만들어진 습관이 좋지 않은 경향성을 띠게 되지 않을까 추측해본다. 가령 열등감, 즉 능력의 차이에 대한 반복된 확인만큼 사람을 주눅 들게 만드는 일은 없다. 이때 겪은 일들이 자아의 일부로 형성된 채 박사학위를 받고 귀국길에 오른다. 이 경우 한국 대학에서 가르치는 위치에 섰을 때(즉, 교수가 되었을 때) 어떤 태도로 학생들을 가르치게 될까? 최종 학위 수여국이 당사자에게 어떤 무게로 다가올까?

더 오래전, 유학이 드물었던 시절에는 아마 이런 경향이 더 강했을 것 같다. 당시 한국은 확실히 후진국이었으니, 젊은 나이에 문화 충격도 상당했을 거다. 이런 사정 아래서 20세기 후반(식민지 시절인 20세기 전반에 대립되는)의 한국 대학 제도가 정착되었다. 나는 이런 부분이 한국에서 학문이 독립하지 못한 채 종속적인 경향을 보이게 된 현상의 중요한 바탕 원인이라고 가설을 세워본다. 자신의 학술 활동을 타국의 언어라는 족쇄에 가두었으니 독자적이고 자율적인 학술 활동을 해볼 엄두가 나지 않은 것은 아닐까?

나는 최근까지도 당시에 유학하거나 수입해서 받아들인 사상들이 한국 지식 사회를 지배하고 있다는 느낌을 강하게 받는다. 문제가 발생한 구체적 토양과의 관계를 놓치고 결과로서의 사상만 받아들일 때의 위험이 계속 간과되고 있다. 사건이나 현상의 독특성을 제거하고 기존 틀에 끼워 맞추는 일도 다반사다. 같은 문제인지부터 확인하는 작업이 필요한데, 이에 대한 구체적 비교는 철저하지 못하다는 생각이 든다. 그리하여 외국 사상가의 이름과 붕 떠버린 개념들만 유통되고 있는 건 아닐까? 사상의 사대주의를 벗어나 자유로운 사상가로서 작업하고 있다고 자부하려면 무엇이 필요한 걸까? 이제 외국으로부터 독립할 수 있는 시점이 되지 않았을까? 기왕에 이른바 '국내파'에 대한 할당제라도 시행해서 내실을 다지는 것도 고려할 때가 아닐까?

이런 가설은 과거를 향해 있다. 지금은 완전히 다른 학술 행위가 필요한 때다. 따라서 미래를 향한 말도 보태야 마땅하리라. 다만 여기에서는, 유학 생활이 유학생의 정신을 노예로 만드는 것은 아니었는지, 물어보고 싶었을 따름이다. 유학 생활을 마치고 정신이 더 단련되었다면 기꺼이 환영할 일이다.

아울러 유학을 가지 않았다거나, 이른바 '전통' 학문을 한국에서 수련했다고 해서, 그 자체로 자유로운 학술 행위를 하고 있다거나 할 수 있다는 것이 보장되지는 않는다는 점도 분명히 하고 싶다. 나는 그런 부류의 '국수주의자'를 너무 많이 보았다. 이른바 '우리 것'을 말하려고 하는 이들 중에 그 정체 모호한 '우리 것'이건 괴물 같은 모습을 한 '서양의 것'이건 제대로 공부하고서 말한 이를 거의 보지 못했다.

우리만의 고유한 사상이라는 걸 찾으려 애쓰는 이들을 보면 안쓰럽다. 한국 고유의 사상이 전혀 없다는 걸 말하려는 건 아니다. 분명 있을 테고 유의미한 대목이 있을 거다. 하지만 지금 우리에게 필요한 건, 시시콜콜 출처를 따져가며 가리고 솎아낸 한국 고유의 사상이 이 시대를 넘어설 수 있는 유일한 방편이라고 내세우는 식의 국수주의가 아니다. 인류는 각자 나름의 방식으로, 또한 서로 영향을 주고받으면서 사상의 강물들을, 그러니까 바다로 이어질 강물들을 만들어왔다. 우리가 해야 할 것은 지금 필요한 것들을 찾아 종합하는 일이다. 부품들의 출처를 따지는 게 무슨 소용 있으며 무슨 기능을 하겠는가. 다른 분야의 비유를 들자면, 한국의 음악은 타령이나 정악이기보다 BTS며, 한국의 춤은 상모 돌리기보다 비보잉이라고 왜 자신 있게 말하지 못한단 말인가.

사상에서의 국수주의가 열등감과 패배주의에서 유래했다는 것은 분명하다. 서양에 대한, 중국이나 인도 같은 대국에 대한 열등감, 소수 언어로서 한국어에 대한 열등감, 그리고 한 번도 자주적으로 이루어본 경험이 없음에서 비롯한 패배주의 같은 것들 말이다. 하지만 국수주의자들은 결코 이 열등감을 인정하지 않으며, 반대로 아직 찾지 못했지만(언제인들 찾을 수 있으랴) 앞으로 찾게 될 고유한 사상을 외친다.

우리는 아무리 해도 서양 것을 절대 따라잡을 수 없으니 뭐가 되었건 저들이 아직 모르고 신기해하는 동양 것을 들이밀어 승부해야 한다는, 저 철두철미 노예들은 애당초 고려하지도 말기로 하자. 한국어로 문장도 제대로 쓰지 못하는 형편에 말이다.

5장

과학을 품은 인문학

NEW NORMAL PHILOSOPHY OF

PHILOSOPHY OF
NEW NORMAL

연구자의 균형 감각

우리가 일반적으로 어떤 사상가를 연구하는 까닭은 그로부터 흥미로운 아이디어를 취하려 하기 때문이다. 흥미로운 생각을 많이 제공할수록 특정 사상가의 크기와 힘이 규정된다. 사상 영역에서의 자연선택이라 하겠다. 인간에게는 그런 사상가의 풀이 있고, 흔히 고전이라는 이름을 붙인다. 고전의 풀에 흘러든 사상가는 여럿인데, 그렇다면 그들 사이에 어떤 위계를 매길 수 있을까? 한 사상가가 다른 사상가보다 뛰어나다는 식의 평가를 어떻게 할 수 있을까? 이런 물음에서 이른바 '균형 감각'이라는 좋지 않은 해법이 출현하기도 한다.

한 연구자가 균형 감각을 갖는다는 것은 어떤 전제를 깔고 있다. 먼저 연구자가 고전의 풀에 익사하지 않을 정도의 거리를 두고 떨어져 있다는 전제. 그래야만 어느 하나에 치우치지 않으면서 각각의 사상가를 '비교'하고 '저울에 놓는' 일이 가능할 테니까. 그런데 이런 전제는 애초에 성립하기 어렵다. 처음 공부를 시작할 때는 각각의 사상가를 따라가며 충실하게 이해하는 훈련이 반드시 필요하다. 하지만 고전의 풀을 다 개관한 후 자기만의 관점을 지닌 연구자가 여전히 학생 같은 자세를 견지하는 것은 미숙

함의 발로일 뿐이다. 그런데 기이하게도 연구자가 자기만의 저울로 고전의 풀을 재고 그 결과 특정 사상가에게 강한 부정이나 진심 어린 친화를 표출하는 것이 오히려 미숙함의 징표로 여겨지곤 한다. 이른바 '균형 감각'이 없다는 거다.

하지만 이런 평가에는 취향에 대한 몰취미가 깔려 있다. 평가란 본래 편파적일 수밖에 없고, 평가한다는 건 자신의 실존을 건다는 뜻이다. 미학적 의미에서 취향 또는 취미가 중요한 건 이런 이유 때문이다. 취향에 따른 판단은 본래 보편성을 갖기 어렵다. 사람마다 입맛이 다 다르기 때문이다. 하지만 보편성과는 다른 차원에서 취향의 등급이라는 게 엄존하며, 고만고만한 입맛을 능가하는 어떤 맛과 그 맛에 대한 느낌은 강력하다. 맛에서 균형 감각을 견지한다는 건, 맛이 있건 없건 모든 음식을 골고루 먹어야 한다는 걸 뜻한다. 자기가 선호하는 맛들에 대한 선호와 목록이 없다면 과연 존중할 만한 미식가일까? 하물며 연구자일진대!

결이 비슷한 사상가들을 엮어 모종의 종합을 추구하는 것은 바람직하고 환영할 일이다. 하지만 양립하기도 어렵고 서로 모순된 사상을 종합하겠다는 시도는 유명세만 좇는 나열주의일 뿐이다. 그런데 놀랍게도 이런 이들이 너무도 많다. 내가 철학자로서 가장 의아하게 여기는 대목은, 평론가들이 여러 철학자의 아이디어를 자유자재로 조립해서 활용한다는 점이다. 특히 도저히 양립하기 어려운 철학자들을 한 장소에 모을 때는 전율마저 느껴진다.

물론 모든 면에서 완벽한 한 명의 사상가는 없으며, 따라서 사안별로 참조하는 사상가가 달라질 수 있다. 내가 강조하고 싶은 건 사상가 집단의 결이다. 도무지 한자리에 함께 놓기 힘든 사상가들을 두고 연구자는 어떤 태도를 취해야 할까? 상반되는 두 사상가 사이에 같은 높이로 서 있으면 되는 걸까? 그런 중간 위치와 높이라는 게 과연 있는 걸까?

 언어에 동의하기 어렵다는 건, 다른 사상의 길에 있는 것이고 다른 길을 가고 있는 것이다. 이런 상황에서 전쟁이 벌어지는 건 필연적이다. 의미와 가치가 비판의 준거라는 니체와 들뢰즈의 선언은 참으로 미학적이다. 하지만 이들은 먼저 의미와 가치의 개념마저 비판적으로 갱신했다. 예컨대 '좋다'라는 말은 누구의 입에서 나오느냐에 따라 의미가 달라진다. 저열한 입에서 나오는 '좋다'라는 평가는 점잖은 귀에는 역겨울 뿐이다. 나는 훨씬 젊었을 때부터 이 길에서 매력을 느꼈으며, 그렇기 때문에 균형 감각을 가지려야 가질 수 없었다.

개념은 언제 써야 하나

시인이나 작가처럼 글이라는 수단으로 무언가를 도모하는 이들이 언어 또는 개념에 민감한 것은 당연하다. 개념을 다루는 것을 업으로 삼는 철학자 역시 마찬가지다. 결국 철학은 언어 또는 개념의 전쟁이다. 언어의 차이 또는 번역의 차이(이는 해석의 차이를 전제한다)를 둘러싼 충돌은 철학 활동의 본질에 닿아 있다. 이것은 사소한 문제가 아니라 결정적 문제다. 일부 관객들이 화해해보라고 제안하는 건, 문제의 본질을 이해하지 못했기 때문이다. 따라서 언어의 선택을 사소하게 치부하는 경우라면, 둘 중 하나다. 문제를 회피하는 것이거나 문제의 본질을 모르는 것이거나.

나는 철학 개념이 쉬워야 한다고 생각하는 사람은 아니다. 사태가 어렵고 문제가 어려울진대 어찌 개념만 홀로 쉬울 수 있겠는가. 특히 철학 개념들로 체계를 구성할 때는 더더욱 그러하다. 하지만 철학 개념이 남용되는 글은 읽기 어렵다. 물론 내가 '남용'이라고 규정했기 때문에 이미 부정적인 선입견이 들어 있긴 하다. 칼럼 같은 길지 않은 글에 여러 개의 개념이 등장하면 가독성이 현저히 떨어지는 건 물론이거니와, 글쓴이가 그렇게 한 이유를 도무지 납득하기 어렵다. 독자에게 읽히자고 쓴 건지, 자기 생각을 정리해보려고 애쓰는 과정을 여과 없이 드러낸 건지, 정리되지 않은 생각을 권위를 빌려 남발하는 건지 알 수 없다.

또한 일반 독자를 상대로 한 글에 '지뢰 찾기'에서처럼 매설되어 있는 개념의 지뢰들은 나를 깜짝깜짝 놀라게 한다. 특히 라캉이나 데리다Jacques Derrida의 개념들이 등장할 땐 더욱 당혹스럽다.

우선 라캉은 자신만의 도식이 분명한 사람이어서, 그 도식에 동의할 수 없거나 그 도식을 이해할 수 없는 이들은 결코 라캉과 소통할 수 없다. 일반 독자를 대상으로 하는 글에 라캉의 '상징계', '상상계', '실재'라는 개념을 쓴다 한들 이 개념을 제대로 이해할 수 있는 독자는 많지 않을 것이다. 대중을 대상으로 아무 설명 없이 이런 개념을 들이밀며 글을 쓰는 건 권위주의에 기초한 폭력이다. '너 이거 알아? 이것도 모르지?' 그동안 많은 학자들이 써온 수법 중 하나다.

한편 데리다는 개념에 멈춤이 없는 사람이다. 개념을 완결 짓지 않고 열어두어서, (연구자에게도 그렇긴 하지만) 일반 독자에겐 무책임한 사람이다. 재미 삼아 철학사(철학이 아니다!)를 알고 싶은 이에겐 데리다가 좋은 길잡이가 될 수 있다. 철학사를 읽으면서 놓치기 쉬운 맥을 잘 짚어주기도 한다. 하지만 내 생각에 철학에서 데리다는 너무 유보가 많고 유예가 길다. 철학은 '단칼'이 필요하다.

문제 중심으로 타인의 개념을 이해하기

학자들은 개인적인 취향이나 선호에 따라 개념이나 용어를 선택한다. 따라서 같은 언어를 쓰고 비슷한 시대를 살더라도, 같은 단어를 두고 학자마다 뜻하는 바가 다를 수도 있고 다른 단어인데도 거의 비슷한 뜻을 가질 수도 있다. 가령 들뢰즈의 '차이'와 데리다의 '차이'는 둘 다 프랑스어로 '디페랑스différence'지만 전혀 다른 뜻이다.

과감하게 단순화하면, '차이'라는 개념은 들뢰즈에게는 '시간 속에서의 생산'이라는 뜻인 반면, 데리다에게는 '동일성identité'과 대립하면서도 '동일성'을 정립하고 또 해체하는 '의미론적 생산'이라는 뜻이다(유명한 différance 개념이 이로부터 생겨난다). 따라서 들뢰즈와 데리다의 철학을 '차이의 철학'이라고 묶어 말하는 건 잘못이다. '차이'라는 개념에서 두 사람의 통찰에는 공통점이 별로 없다.

이처럼 서로 다른 뜻을 가진 같은 용어를 만나는 상황은 드물지 않으며, 특히 글을 쓸 때 아주 흔하게 맞닥뜨리게 되곤 한다. 따라서 이 상황에 대해 미리 나름의 돌파구를 마련하고 있어야 한다. 이는 대학에서도 잘 가르쳐주지 않는 것 중 하나기도 하다.

이때 필요한 것이 '문제'와 관련해 개념을 비판적으로 살피는 작업이다. 철학자에게 가장 중요한 것은 문제를 문제로 파악하고, 그것을 정리된 형태로 제시하고, 나아가 그 문제를 풀기 위한 단초를 찾아내는 것이다. 누군가에게 문제가 아닌 것이 다른 누군가에겐 문제일 수 있다. 남이 문제라고 느끼지 않는 것을 예민하게 포착해서 그것이 모두의 문제라는 것을 잘 드러내는 자가 철학자다. 아니, 꼭 철학자에 국한할 필요는 없다. 창조의 최전선에 있는 자들은 모두 이런 종류의 일을 행한다.

특히 철학자는 개념과 언어로 문제를 가공한다. 거꾸로 말하면, 개념을 창조함으로써 문제를 드러내는 일이 철학자의 임무다. 들뢰즈가 철학을 '개념의 창조'라고 규정한 것은 바로 이런 맥락에서다. 연구자는 일차로 연구 대상인 텍스트에서 글쓴이의 문제를 포착해야 한다. 문제가 꼭 의식적으로 드러나 있으란 법은 없다. 반쯤은 무의식적으로, 직관을 통해 문제를 포착하기도 한다. 따라서 가장 일차적인 접근은 문제 속에서 개념을 이해하는 일이다.

그다음으로 더 중요한 일은 '자신의' 문제에서 동료가 만든 개념을 재배치하는 일이다. 번역의 일종이라고도 할 수 있다. 사실 그것은 자기의 문제와 관련해서 타인의 개념을 '이용'하는 작업이다. 타인의 개념이 온전하게 나의 문제 틀에 들어맞기는 힘들다. 결국 글을 쓸 때 관건은 타인의 개념을 고증적 수준에서 잘 가져왔는지보다 자신의 문제에 맞게 적절하게 재가공했는지다.

개념의 오남용은 두 경우에 일어나곤 한다. 하나는 연구자 자신의 문제가 별 볼 일 없어서 이해인지 오해인지가 상관없는 경우고, 다른 하나는 타인의 개념이라는 권위를 담보물로 삼아야 할 정도로 연구가 빈곤한 경우다. 반대로 연구자가 제기한 문제가 훌륭하다면 기존 철학자의 개념이 새롭게 덕을 보기도 한다.

요약하자. 타인의 개념을 장식으로 쓸 생각은 버려야 한다. 자기의 문제가 없다면 글을 쓸 생각을 접는 것이 좋다. 자기 문제가 진짜라면 모든 개념을 송두리째 만들어야 할 경우까지도 각오해야 한다.

인문학이 과학과 만나야만 하는 이유

인문학을 공부했다고 하는 사람들('인문인'이라고 칭하겠다)은 동의와 부인의 문제를 너무 쉽게 생각하는 경향이 있다. 동의하거나 부인하는 행동을 자신의 긍지 혹은 권리라고 생각하기 때문이다.

가령 내가 물질과 우주와 기본 입자를 말하기 시작하면, 어떤 인문인은 '그건 인간이 그렇게 바라보는 자연일 뿐'이라고 단호하게 지적하며, '나는 그렇게 생각하지 않아요'라고 응대한다. 이런 대화 상황은 대략 모든 자연과학 주제에서 흔히 발생한다. 그들에게서 나오는 마지막 말은 '아직 100% 확실한 건 아니지 않나요?'라는 비장의 만능 카드다.

그런데 만일 이 태도가 일방적인 거라면? 결국은 자신이 믿고 싶은 것만 믿겠다는 신앙고백에 불과하다면? 십수 년의 인문학 공부라는 것이 그렇게 헛된 것이라면! 이곳에서의 인문 담론이 위태로운 이유 중 하나다. 인문인들이 이런 질곡에서 빨리 벗어날 수 있기를 바란다.

나는 인문학의 윤리와 관련해 인문학이 과학을 배워야만 한다고 본다.

과학은 수학이라는 패나 객관적인 언어를 사용하며, 결과를 검증하는 일은 누구에게나 열려 있다. 인문학은 글로 결과를 공포하는데, 많은 글은 검증받지 않은 채로 분과分科라는 작은 동아리 안에서 유통된다. 내 논점은 인문학의 언어와 과학의 언어가 다르고, 그 차이가 활동과 결과의 차이까지 낳는다는 점이다. 과학자는 윤리적으로 타고났기 때문이 아니라 과학 활동 자체가 실증적인 검증과 비판을 내포하고 있기에 더 윤리적일 수 있다. 인문학은 사실과 해석을 오가는 활동이기 때문에 은폐가 쉽다. 인문학자가 윤리적이기 위해 더 노력해야 하는 이유다. 인문학은 확고한 자존감을 세우고 행하는 작업일 수밖에 없다. 아는 것을 안다고 하고 모르는 것을 모른다고 하되, 감히 알려고 하라. 이것이 내가 생각하는 인문학의 윤리다.●

철학, 문학, 예술, 역사 같은 분야에서 발전(!)이 더딘 이유는 과학적 사고와 훈련이 부족하기 때문이다. 이를테면 인문학은 자료를 실증적으로 선별해서 다루는 법, 신뢰도 높은 자료를 서로 비교해서 평가하는 법, 그렇게 가공된 자료를 자기 관점으로 해석하는 법 등에 대해서는 좀처럼 훈련하지 않는다. 아마 언어학과 역사학 분야에서나 잘하는 일일 테다.

반가운 사실은, '과학이 곧 교양'이라는 생각이 점점 확산되고 있다는 것이다. 아주 고무적인 일이다. 인간이 자연에 대해 가장 신뢰할 만한 수

● 김재인, 「생각의 싸움」, 동아시아, 2019, p.10.

뉴노멀의 철학

준으로 쟁취한 앎의 총체 및 그 앎을 유지·보수하고 갱신하는 태도들의 집합이 곧 과학인데, 이것을 무시하고 인간과 삶에 대해 논하는 게 가당키나 한 일일까? 실증은 무시하고 부정할 영역이 아니라 배워서 발판으로 삼아야 하는 영역이다. 과학 교양을 익히려는 대중의 확산이 기쁜 이유다.

5.5
정량적 사고와 정성적 사고

인문학을 공부하는 사람들에게 가장 필요한 것은 바로 논리적·수학적 사고를 익히는 일이다. '양', 즉 정량적 사고는 그야말로 사칙연산 수준에서부터 작동하기 때문에 과정에서 하나라도 틀리면 결론이 잘못된다.

인문학을 앞세우는 이들은 정량적 사고의 본성을 이해하지 못하면서 '비슷하면 같다'라고 생각하는 경향이 있다. 그러면서 강조하는 것이 '질', 즉 정성적 사고다. 정성적 사고가 필요한 지점도 분명히 존재한다. 양으로 가치를 평가할 수 없는 대목도 있기 때문이다. 1,000억 원이 999억 원보다 '더 좋다'라고 평가하기 어려운 그런 것들 말이다.

일반적으로 돈은 더 많을수록 좋다. 하지만 보통 사람에게 1,000억 원을 갖는 게 999억 원을 갖는 것보다 더 좋을까? 1억은 큰돈이지만, 999억에서 1억을 늘리기 위해 소용되는 (가치를 계산하기 어려운) '시간'을 고려한다면? 이런 식의 기회비용은 양으로 계산되지 않는다. 바로 여기가 '질'이 강조되어야 하는 지점이다.

그러나 정성적 사고만큼 정량적 사고가 반드시 필요하다. 가령 인공지능에 대해 파고들면서 느끼는 놀라움은, 인문-예술 전공자가 보여주는 허

술함이다. 앞서 말한 '비슷하면 같은 것'이라는 사고, 또는 '유비^{analogy}'에 바탕을 둔 사고가 종종 눈에 띈다. 이 경우 인공지능이 수학적·논리적으로 작동한다는 본질은 간과되고, 상상에 의거한 과장이 앞선다.

인공지능을 논한다면서 실제로는 인공지능이 등장하는 SF$^{science fiction}$를 말하는 경우가 그것인데, 이는 신화를 분석하는 일과 더 가깝다. 물론 신화를 분석하는 것도, 인공지능 SF를 분석하는 것도 의미는 있다. 다만 현실의 인공지능과는 상관이 없을 뿐이다. 오히려 공학자의 논문은 저자가 탐구할 수 있는 능력 범위에서 세세하게 따지는 꼼꼼함을 보여준다. 이럴 때면 1 더하기 1이 3일 수도 있지 않냐고 반문했던 어느 법학자가 떠오른다.

양에 대한 고려를 생략한 채 질을 고려할 수는 없다. 인문학이 세상에 호소력을 가지려면, 질을 내세우기 앞서 양적 정확함을 견지해야 할 것이다.

5.6
관점주의

코로나19로 생활방식 자체의 큰 변화를 겪으면서 사람들은 본인이 처한 입장에 따라 상황을 판단하고 해석한다. 외국인 입국 금지, 마스크 착용 의무화, 등교 일정, 생활 속 거리 두기 등 여러 사안에 대해 각자의 입장은 모두 다를 수밖에 없기 때문이다. 이런 상황에서 사람들은 자기가 놓여 있는 곳에서 세상을 바라본다는 니체의 통찰이 다시금 빛을 발한다. 이른바 관점주의가 그것이다.

그런 점에서 객관적 인식이 가능한지 다시금 묻지 않을 수 없다. 그렇다면 자연과학이 주는 인식은 객관적일까? 이에 대해서는 한두 가지 보탤 말이 있다.

최소한 갈릴레오 Galileo Galilei 이래로 물리학은 수학이라는 틀을 통해 우주를 인식한다. 즉, 물리학이 있는 자리는 객관적이고 전체를 조망할 수 있는 지점이 아니라, 수학이라는 프로크루스테스 침대에 눕고자 하지 않는 우주는 들어오지 말라는 저 괴물의 자리다.

내가 지금 주장하는 바는 수학이 우주를 표현하는 적절한 언어인지의 여부를 따지자는 문제와는 거리가 멀다. 물론 수학이 생명을 표현할 수 있는지 물어볼 수는 있겠지만 말이다. 과학이 객관적인 앎을 제공한다고 믿는 사람이 많다. 하지만 과학 또한 '특정한' 해석에 불과하다는 사실을 잊어서는 안 된다. 과학에서 배워야 할 것은 '비판적 자세'지 '맹신'이 아니기 때문이다. 관점주의는 과학마저도 관통한다.

니체가 권력의지를 우주의 근원에 놓은 것은 충분히 납득된다. "사실은 없고 해석만 있다." 아마도, 해석이 아닌 사실이 있다면, 오직 해석만 있다는 해석이리라. 내 주장도 하나의 해석일 뿐이다.

소통의 관점에서의 과학과 철학

소통의 관점에서 과학과 철학의 가장 큰 차이는 무엇일까? 과학은 기본적으로 '수학'을 언어로 삼고 있으며 따라서 소통에 큰 장애가 없다. 반면 철학 혹은 더 넓은 의미에서 인문학은 잘 다듬어진 언어와 개념에 전적으로 의존하고 있다. 따라서 인문학은 자연어가 갖고 있는 소통의 빈틈을 어쩔 수 없이 내포한다.

철학은 언어로 생각을 표현하는 학문이다. 하지만 아무리 잘 다듬어졌다 할지라도, 생각의 도구인 자연어는 개별 언어에 내재되어 있는 고유한 의미를 넘어서기 어렵다. 외국어를 배우면 생각의 폭이 넓어지는 이유도 여기에 있다. 사전만 놓고 외국어를 번역하는 것이 거의 불가능한 것도 개별 언어 간의 넘을 수 없는 간격 때문이다. 개별 언어는 서로 일대일 대응하지 않으며, 심지어 노력해야만 겨우 이해할 수 있는 내용도 많다(가령 영어 'science'는 독일어 'Wissenschaft'와 의미망이 다를 뿐 아니라 프랑스어 'science'와도 꽤나 다르다).

이러한 언어의 특성은 철학 문헌을 이해하는 것과 관련해서도 여러 시사점을 준다. 어떤 철학 문헌이 시간의 검증을 거쳐 중요하다고 인정되었다면, 되도록 철학자가 썼던 언어를 통해 그 문헌에 접근해야 한다. 즉, 플라톤의 문헌은 고대 희랍어로, 데카르트의 문헌은 라틴어와 프랑스어로, 흄의 문헌은 영어로, 칸트의 문헌은 독일어로 접근해야 한다는 것이다. 각 철학자의 생각을 제대로 이해하기 위해서는 그 철학자가 쓴 언어로 접근해야 마땅하다.

그러나 현실적으로 우리는 대부분 번역된 철학 문헌을 통해 철학자들의 생각을 접한다. 번역서는 번역자가 이해한 만큼만 전달할 뿐이기 때문에, 번역자의 오해를 전적으로 감수해야 한다. 따라서 원전을 통해 철학자에 접근해야 한다는 주장은 결코 낡은 관행으로 치부되어서는 안 된다. 내가 읽은 것이 정말 그 철학자의 생각이 맞는 건지 되묻는 것은 책을 읽는 사람의 가장 기본적인 권리다.

과학과 인문학은 결국 만날 것이다

과학은 자연에 대한 인간의 앎 및 그 앎에 도달하기 위한 태도다. 과학은 도달점과 도달점에 이르기 위한 과정을 다룬다. 따라서 호기심이 있는 존재라면, 즉 인간이라면 누구나 과학에 흥미를 갖는다. 과학책 읽기는 비교적 쉬운 작업이며, 호기심을 채워가는 놀이기도 하다. 저자마다 설명의 편차가 있는 건 사실이지만, 자기 눈높이에 맞는 저자를 만나는 건 그다지 어렵지 않다. 최근 과학책 독자들이 늘어난 것은 한국 사회도 이제 자연에 대한 앎을 순수하게 즐길 수 있는 단계에 이르렀다는 징표라고 본다. 이는 사회 발전의 지표로도 여길 수 있으며, 당분간 지속될 현상이다.

그다음은 뭘까? 과학이 인문 교양으로 정착하고 난 다음에 독자는 어떤 방향을 원하게 될까? 일단은 역사가 되겠지만, 궁극에는 철학이 될 거라 본다. 철학이야말로 극단의 지적 모험이 이루어지는 자리며, 과학 다음meta-physic이기 때문이다. 지금까지 알고 있는 것을 바탕으로 마음껏 생각해보는 일은 얼마나 즐거운가.

철학사를 공부하는 건 그런 생각들의 발자취를 따라가보는 일이다. 생각의 대가들을 만나보는 일이다. 그러다 마침내 자신만의 생각을 만들어낼 수도 있을 것이다. 단, 우리에게 필요한 것은 그저 공상이 아닌 자연에 대한 앎을 바탕에 둔 생각이다. 다른 철학자의 이름을 빌리지 않고 펼쳐지는 생각의 만찬이 한국 사회의 또 다른 단계를 형성하리라.

동양철학은 없다

동양철학은 있을까? 결론부터 말하자면 동양철학은 없다. '철학'이라는 말 자체가 만들어진 게 19세기 중엽 일본에서였다. 더 정확히 말하자면, 오늘날 우리가 사용하는 '철학'이라는 말은 메이지明治 시대의 일본 사상가 니시 아마네西周가 처음 쓴 말이다.

1861년 니시는 이렇게 말했다. 전래된 서양 학문 중에서 "격물, 화학, 지리, 기계 등 여러 분과에 대해서는 그것을 궁구하는 사람이 있지만, 오직 희철학希哲學(필로소피) 한 분과에 대해서는 아직 그런 사람을 볼 수가 없다". 여기에서 '희철학'이라는 말은 '필로소피philosophy'의 번역어로 처음 등장했다.

영어 '필로소피'의 어원은 희랍어(고대 그리스어)인 '필로소피아philosophia'인데, 필로소피아는 플라톤이 만든 '필로소포스philosophos'라는 말에서 왔다. 플라톤은 『파이드로스Phaidros』라고 불리는 작품에서 소크라테스의 입을 빌려 이렇게 말한다. "파이드로스여, 누군가를 지혜 있다고 일컫는 것은, 내가 보기엔 너무 높이 올라간 것 같고 그런 말은 신에게나 적용하면 적절한 것 같네. 그러나 지혜를 사랑하는 자[philosophos] 또는 그 비슷한 말로 일컫는다면, 그 자신도 차라리

동의할 것이고, 보다 더 합당할 것 같네." 그러니까 사람들이 흔히 (잘 못) 짐작하는 것처럼 '철학'이라는 분과가 먼저 있었던 게 아니다. 오히려 '지혜를 사랑하는 자' 또는 '지혜의 친구'가 제일 먼저 있었고, 그 후에 그의 활동(필로소페인philosophein)이 있고 난 후, 그 활동을 가리키는 명사로서 필로소피아philosophia가 생겨난 것이다. 오늘날 많은 철학 입문서에는 '철학'의 어원이 '필로소피아'로, 지혜를 뜻하는 '소피아sophia'와 '사랑한다'라는 뜻의 '필로philo-'가 합쳐진 말이라고 설명되곤 한다. 그 럴듯하지만 잘못된 설명이다.

니시는 『시경詩經』에 처음 나온 글자인 '철哲'에 주목했다. 『시경』에는 "이미 밝고 또 지혜로워서 그의 몸을 보존한다旣明且哲 以保其身"라는 문구가 있는데, 여기에서 따온 것이다. '희希'는 '갈구하다', '바라다'라는 뜻이고, '철'은 '밝다', '지혜롭다'라는 뜻이니, 필로소피아의 번역으로는 제법 그럴듯하다. 네덜란드 유학(1862~1863년)을 마치고 돌아온 니시는 1866년 전후로 교토에서 행한 강의를 정리한 책 『백일신서百一新論』(1874)에서 이렇게 적는다. "교敎의 방법을 세우는 것을 필로소피[ヒロソヒ], 번역하여 철학哲學이라 명한다." 이제 '희철학希哲學'은 '철학哲學'으로 대체되며, 필로소피아의 본뜻을 얼마간 잃게 된다.

사정이 이렇다면 가장 앞에서 던진 물음은 이렇게 바뀔 수 있을 것이다. 동양(동아시아)에도 서양의 필로소피아에 해당하는 활동이 있었을까? 동양에도 철학이 있었느냐는 물음은, 투박하게 표현하면 '서양의 필로소피아=동양의 ( )'에서 ( ) 자리에 오는 것이 뭔가 있지 않겠느냐는 물음으로 바꿀 수 있다. 이 물음은 다음의 물음으로 연결된다. 서양의 필로소피아가 갖는 의미 내용에 상응하는 의미를 갖는 동양의 어떤 것이 있지 않을까? 게다가 우리는 '동양철학'이라는 말을 일상적으로 사용한다. 제도적으로 대학의 철학과만 보더라도 '동양철학', '한국철학', '중국철학', '인도철학' 등의 과목을 가르치고 있다. 제도라는 것이 학문 분과에 대응한다면, 동양철학에 대응하는 무엇인가가 있다는 게 아닐까?

'철학'이라는 말을 발명한 니시의 입장을 보자. 사실 니시가 처음 번역어로 염두에 두었던 용어는 '희구현학希求賢學'이라는 의미의 '희현학希賢學'이었다. 성리학을 집대성한 주희朱熹에게 영향을 주었으며 『태극도설太極圖說』을 쓴 주돈이周敦頤가 이 구절을 썼는데 니시가 이를 모방해서 만든 것이다. 그렇긴 해도 니시는 주돈이의 '희希'에 주목했지 '현賢'은 피하려 했다. 그 까닭은 한자 문화권에서 '현'이라는 표현은 성리학을 연상케 하기 때문이었다. 그래서 니시는 '희철학希哲學'이라는 표현을 쓰기로 했다. 나아가 더 깊은 고민 끝에 '희'마저 버리고 '철학'이라는, 필로소피아 본래 의미와는 다소 거리가 있는 용어로 옮겨 가게 된다. '희'라는 말이 여전히 성리학을 비롯한 전통 한학漢學을 연상케 한다는 이유에서였다.

사실 전통 한학 지지자들은 필로소피의 번역어로 '리학理學'이라는 강력한 후보를 밀었다. 이들은 동양사상과 서양사상 사이의 연속성에 주목하고 이를 옹호하려 했다. 말하자면 필로소피의 번역어를 놓고 동양파와 서양파 사이의 일전이 있었는데, 니시는 서양파의 선두 주자였다고 보면 된다. 니시는 필로소피와 동양사상 간의 그 어떤 연관성도 제거하려 했고, 그 결과 등장한 번역어가 '철학'이었다. 그 후 1877년 도쿄대학 설립과 함께 문학부의 한 과가 '사학·철학·정치학과'로 명명되면서, 더 나아가 이노우에 데쓰지로#上哲次郎 등이 간행한 철학 사전인 『철학자휘哲學字彙』(1881)가 출간되면서, 판세는 서양파 쪽으로 기울게 되었다.

동아시아 전통에도 철학이 있었을까? 동양철학이 있었을까? 적어도 니시의 고민에 따르면 동아시아에는 철학에 대응하는 그 어떤 활동이 없었다. 오히려 철학은 동양 전통의 핵심이라 할 수 있는 성리학과 대립되는 활동으로 이해되었다고 보는 것이 정확하다. 요컨대 동양철학은 철학의 반동이었던 것이다.

한국의 잠재력에 대한 예감

2019년 여름 학술대회 발표를 위해 런던에 방문한 적이 있다. 그러던 중 내셔널갤러리에서 열린 음악과 미술의 컬래버레이션 행사에 우연히 참석하게 되었다. 스페인 화가 소로야Joaquin Sorolla 특별전을 계기로 마련한 미니 피아노 콘서트였다. 당시에 나는 아래와 같은 기록을 남겼는데, 문득 현시점을 예언한 듯한 느낌이 드는 것은 왜일까?

한국의 미술관에서 이런 이벤트를 열면 어떨까 하는 생각을 하다가 금세 그건 불가능하다는 결론에 이르렀다. 우리는 영국처럼 식민지를 개척해 다채로운 문물을 약탈해온 과거가 없기 때문에 사람을 모을 유인이 별로 없다. 런던은 식민지 시절 다른 나라들에서 약탈한 문화재들을 전시해놓고 '문화 관광' 덕으로 먹고살고 있으며(브렉시트의 이유도 이 자신감에 있는데, 물론 이는 19세기 제국주의적 발상에 불과하다), 만약 문화재 반환 소송에서 그리스가 승소하면 타격이 클 것이다(물론 내 상상에 불과).

잠깐 머문 짧은 소견으로 런던은 통신 인프라가 절대 부족하다. 지하철에서 LTE도 터지지 않는다. 내 생각에, 관광객은 가이드북을 사고 현지인은 책을 읽으라는 지방정부 정책의 일환인 것 같다. 런던의 통신 인프라를 접하고 보니 한국의 통신 인프라가 떠오르지 않을 수 없었다. 촛불혁명을 비롯해 한국이 최근 집단으로 이룬 성취 중 상당 부분은 통신망에 기초하고 있으며, 최소한 한국은 빠른 변화를 감당하려 애쓰고 있다. 4차 산업혁명(전 세계에서 한국만 쓰는 용어라고 해서 앞으로 많이 쓰기로 했다)의 중핵에는 통신이 있다. 그런데 런던은 2차 산업혁명과 그 연장선(제국주의, 약탈한 문화재를 이용한 문화 관광)의 후광에 앞을 보지 못하는 느낌이다.

이제 발상을 획기적으로 바꿔야 한다. 남들이 하지 않은 거라서 못할 게 아니라, 바로 그렇기 때문에 해야 하고 할 수 있다는 자신감에 근거만 주면 된다. 남들을 밟고 이기는 것이 아니라, 남들이 한 적 없기 때문에 자연스레 남들보다 앞설 수 있는, 그런 일을 하면 그만이다. 분명 싹은 많이 보인다.

내셔널갤러리의 수많은 상설 전시물은 세계 각국의 수많은 관람객을 매일같이 끌어모은다. '종자' 자체가 워낙 '고퀄리티'인 셈이다. 따라서 한국의 그 어떤 미술관이나 박물관도 흉내 내는 게 불가능하다. 다른 접근이 필요한데, 결국 새로운 모델을 창출하는 수밖에 없다. 내셔널갤러리 모델은 애초 한국에 불가능하다. 그런 관광 산업을 만들려 해서는 안 된다.

한국이 강한 건 통신·교통(물론 더 개선될 필요는 있다), 음식, 속도, 한

글 같은 것들이 아닐까? 반대로 한국의 약점은 자신감, 자부심, 부족적 다양성, 차별과 편견, 낯선 것을 혐오하는 태도, 평가할 용기 같은 것들이다. 이런 건 성장 과정에서 기르거나 고칠 수 있는 능력이며 해보기 전에 쫄지만 않으면 금세 바꿀 수 있다.

　내셔널갤러리에서 본 17세기 플랑드르 미술만 해도 그 질과 다양성에 혀를 내두르게 되는데 그 바탕에 민주주의, 부와 군사력, 그리고 그에 걸맞은 스피노자 같은 철학자(물론 데카르트도 여기에 망명해 살았다)가 있었음을 잊지 말아야 한다. 네덜란드가 그 당시 어떻게 세계 패권을 잡았는지에 대한 깊은 연구가 필요하며, 한국에 좋은 모델이 될 것이라 확신한다.

6장

인문×과학×예술:
뉴리버럴아츠의 탄생

PHILOSOPHY OF
NEW NORMAL

창의성은 창작의 경험을 통해서만 길러진다

창조성과
실험

본격적인 얘기에 들어가기에 앞서, 오늘날 교육에서 가장 중요하게 얘기되고 있는 주제 중 하나인 '창조성'에 대해 점검하고 갔으면 한다. 나는 인공지능에 대한 책을 쓰면서 '창조성'의 본질과 '창의성을 기르는 교육'에 대한 얘기로 마무리했다.[●] 창조성이란 생각이건 물건이건, 행위건 제도건 간에 새로운 무언가를 최초로 만들어내는 데서 성립한다. 물론 새롭다고 다 창조적이라는 평가를 받는 것은 아니다. 사회가 그것을 가치 있는 것으로 받아들여야만 '그것이 창조적이었구나' 하고 회고적으로 확인되기 때문이다. 창조적인 것은 견뎌 배기고 살아남아 승인된 것이다. 사전에 그것이 창조적인 것인지 아닌지 알 수 없다는 뜻이다. 창조성은 일단 긍정적인 결과라고 사회적으로 인정받은 후, 그것을 만들었던 행위에 내려지는 평

● 김재인, 『인공지능의 시대, 인간을 다시 묻다』, 동아시아, 2017, pp.360-366. 6장에서 사용한 '창조성'과 '창의성'은 영어로는 creativity이지만, 사물이나 사태에 적용할 때는 주로 '창조성'이라는 용어를 쓰고 사람에게 적용할 때는 '창의성'이라는 용어를 쓴다는 점에서 표현을 달리했다.

가다. 창조성은 개인 차원의 사안이 아니다.

그런데 창조적 결과는 반드시 실험을 거쳐야 생겨날 수 있다. 시간순으로 보면 실험이 원인이 되어 창조적 결과가 나오지만, 논리적으로 보면 창조적 결과가 원인이 되어 실험 시점의 창조성이 승인되고 봉인된다. 실험은 결과와 무관하게 독자적이고 독립적이다. 실험은 결과에 의해 평가되겠지만, 실험은 결과를 모르는 채 무작정 행해질 수밖에 없기 때문이다. 성공할 거라는 보장이 없더라도, 결과를 예측할 수 없는 실험 속에서만, 창조적 결과가 잉태될 수 있다.

창조성의 본질을 이해하지 못하면, '창조성이 중요하다'라는 하나 마나 한 말만 되풀이할 뿐 '어떻게 해야 창의성을 계발할 수 있는지'에 대해서는 한마디도 할 수 없다. 나아가 창조성의 본질인 실험을 가로막는 일까지도 서슴지 않고 하게 된다. 실험은 미리 결과를 알 수 없다는 이유로 위험하다고 여겨지기 때문이다. 그러나 실험을 막으면서 동시에 창조적 결과를 기대하는 건 자기모순이다. 창조성은 실험의 위험성을 이겨내는 개인적이고 사회적인 용기와 힘, 그리고 그것이 실천될 수 있는 자유를 전제로 한다. 실패해도 괜찮아야 한다. 개인도 사회도 크게 상처 입지 않을 수 있는 여건이 되어야 실험은 허용된다. 자유와 실험과 창조성의 관계를 강조하는 것도 이런 까닭이다.

예술가를
본보기 삼기

그렇다면 창의성은 어떻게 계발할 수 있을까? 창조적 인간은 어떻게 길러낼 수 있을까? 창의성 교육은 어떻게 가능할까? 여기에 답을 해보자면 남들이 안 간 길을 가보고, 딴짓을 많이 해보는 게 비결이다. 조금 더 구체적으로, 이 일은 예술가의 활동을 본보기로 삼을 때 실천될 수 있다. 예술가의 작업이야말로 창조성을 발현하는 전형적 활동이기 때문이다. 모두가 예술가로 살자는 게 아니라, 예술가의 활동에서 힌트를 얻자는 말이다.

예술가의 작업은 두 단계로 이루어진다. 첫째, 예술가는 남들이 만들어내지 못했던 새롭고 미적인 작품을 만들어내려 한다. 따라서 진짜 새로운 걸 내놓으려면, 최소한 남들이 뭘 만들어냈는지 알아야 한다. 아류, 표절, 짝퉁 등의 혐의를 스스로 예방해야 하기 때문이다. 둘째, 직접 실행해야 결과물을 내놓을 수 있다. 실습과 실기는 꼭 필요하다. 따라서 자신의 작업에 필요한 기능을 반드시 습득해야 한다. 재료나 매체를 자유자재로 다루지 못하면 결코 바라는 결과를 얻을 수 없기 때문이다. 결과가 좋을지 좋지 않을지는 절대 미리 알지 못한다. 그러나 결과를 모르더라도 최선을 다해 실험해야 한다. 해봐야 알 수 있기 때문이다. 실험의 진짜 의미는 실험하는 순간에 최선을 다했다는 데 있지, 실험 결과에 있지 않다.

이 두 단계는 교육의 관점에서 각각 지식과 기능에 대한 새로운 이해의 지평을 열어준다. 우선, 예술가는 자신의 작업에 필요하기 때문에 지식을 얻고자 한다. 지식이 학습자 중심으로, 학습자 맞춤형으로 전환되는 것이다. 그 지식이 암기식·주입식인지 아닌지의 구분은 전혀 의미 없다. 필요하다면 손쉽게 꺼내 쓰기 위해 암기할 것이고, 그렇지 않다면 검색의 영역에 놓아둘 것이다. 이 경우 교사의 역할도 함께 바뀔 것이다. 주입식 교육과 달리 학생들이 원하는 앎을 알려주거나 직접 찾는 방법을 알려줄 수 있어야 하며, 때로는 여러 명의 교사의 협력이 필요하기도 할 것이다. 또한 기능과 관련해서도 학습의 의미는 바뀐다. 이제 지식은 기능으로 스며들어 필연적으로 통합된다. 기능을 발휘해서 결과물을 내지 못하는 지식은 공허할 뿐이다.

생각을 구현하는 방법

나는 모두가 예술가가 되어야 한다고 주장하는 것은 아니다. 단지 창조 행위로서의 창작이 학습의 핵심 활동으로 여겨졌으면 하고 바랄 뿐이다. 창조성은 그런 식으로만 길러질 수 있다. 각 개인이 '창작자' 또는 '메이커'가 되어보는 경험을 최대한 많이 해봐야 한다. 남들이 여태껏 하지 않았던 것을 '만들어내는' 일을 학습의 최우선 목표와 최고 방책으로 삼자는 것이다. 교육과정에서 학습자에게 그런 과제를 던지고 도와주자는 것이다.

보통 사람이 실천할 수 있는, 창조적 결과를 낳는 '실습' 활동에는 두 가지가 있다. 하나는 물질의 구현과 관련된 것으로 나는 이를 '공학적 작업'이라 부른다. 다른 하나는 생각의 구현과 관련된 것으로 이는 통상 '글쓰기'라고 불려왔다. 오늘날 그 범위를 조금 넓혀 시청각 자료(그림, 사진, 음성, 음악, 동영상 등)까지 포함한 '콘텐츠 만들기'라고 해도 좋다. 나는 이 모두를 기능과 관련된 작업이라고 여긴다.

공학적 작업이란 더 구체적으로는 일상 속에서 기존 물건을 개량하거나, 새로운 걸 만들려고 노력하는 활동이다. 여기에서 중요한 건 재료 또는 물질인데, 구하고 다루는 일이 쉽지 않을뿐더러, 장비가 많이 필요하다. 메이커 교육이 이루어지는 별도의 실험실 없이는 일상에서 쉽게 할 수 있는 작업이라고 보긴 어렵다. 차차 학교에도 메이커 교육을 위한 공간이 마련되어야 할 것이며, 이를 위한 중장기적 준비가 필요하다.

한편 글쓰기를 비롯한 콘텐츠 만들기는 누구나 손쉽게 접근 가능하다는 장점이 있다. 그중에서도 글쓰기는 두 종류로 구분할 수 있다. 하나는 실용적 글쓰기, 즉 에세이 쓰기며, 또 하나는 예술적 글쓰기, 즉 문예 창작이다. 각각의 특징을 더 파고드는 건 지금 필요한 일이 아니므로 생략하고, 둘의 공통점에 주목하는 것이 좋겠다. 모든 글쓰기는 두 단계로 이루어진다. 하나는 글감을 선별하고 편집하고 구성하고 종합하는 준비 단계다. 글감이란 글을 쓰기 위한 재료를 말한다. 글감을 선별할 때는 흥미로운 주제에 맞는 알맞은 재료인지 유념해야 한다. 다음 단계는 작업이 끝난 뒤, 결과물이 남에게 보일 만한 것인지 평가하는 과정이 필요하다. 이 단계에서는 남에게 내보일 결과물을 평가하는 심미적·비평적 안목이 필요하다.

글쓰기를 일상생활로 삼기 위한 가장 좋은 방법은 공개 블로그를 만들어 운영하는 일이다. 어렸을 때 방학이면 과제로 일기나 독후감을 써야 했다. 당시에는 이런 과제를 왜 해야 하는지 의문이었지만 지금은 이해가 간다. 내가 블로그를 운영해보자고 제안한 것도 같은 취지다. 요즘 젊은이들 사이에서는 인스타그램, 중년층 사이에서는 트위터나 페이스북 같은 소셜미디어가 인기다. 소셜미디어를 가만히 보고 있으면 모든 일상이 이른바 '인증샷' 위주로 돌아감을 알 수 있다. 소셜미디어가 주로 사진이나 영상을 담아낸다면, 내가 제안하는 블로그 글쓰기는 글과 창작 콘텐츠로 채워진다. 물론 글은 사진이나 동영상에 비해 많은 노력이 필요하다. 하지만 꾸준히 운영하다 보면 '글감'을 찾으려는 노력을 통해 일상을 더 집중하고 관찰하게 될 것이고, 나아가 가치 있고 좋은 것을 알아보는 안목도 길러질 것이다. 사람을 만나 이야기를 나누건, 책이나 영화를 보건, 온라인을 돌아다니건, 하루의 삶은 곧 블로그에 써먹을 흥미로운 재료를 탐색하는 시간이 될 것이다.

실제로 이 방법은 학습 효과에 관한 전통적인 연구를 통해서도 입증된다. 미국행동과학연구소National Training Laboratories Institute for Applied Behavioral Science가 발표한 학습 피라미드에 따르면, 여러 가지 방법으로 공부한 후 24시간 뒤에 남아 있는 학습 효과 비율은 다음 표에서 보는 바와 같다. 가장 효율이 높은 활동은 남들을 가르치거나 배운 것을 즉각 써먹는 것인데, 이는 글쓰기의 재료인 '글감'을 찾으려고 노력하는 생활이 얼마나 도움이 되는지 잘 알려준다.

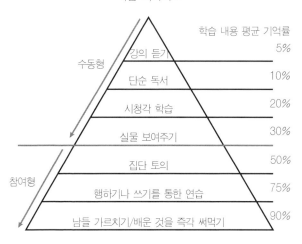

학습 피라미드

학습 내용 평균 기억률

수동형	강의 듣기	5%
	단순 독서	10%
	시청각 학습	20%
	실물 보여주기	30%
참여형	집단 토의	50%
	행하기나 쓰기를 통한 연습	75%
	남들 가르치기/배운 것을 즉각 써먹기	90%

창조적 인간을 만들기 위한 교육

학교 교육과정에서 개개인의 창의성을 증진시키기 위해서는 학생들에게 '새롭고 독창적인 걸 만들어보라'라는 과제를 부여해야 한다. 1년에 '개인 과제'와 '모둠 과제' 딱 두 과목만 운용해도 충분하다고 본다. ①개인 과제와 모둠 과제를 선정하고, ②그 과정에서 주제의 적합성을 검증하고 입증하고, ③과제를 수행하며 구체화하고, ④결과를 발표하고 서로 평가하는 단계를 밟자는 것이다. 이런 과제를 반복해서 해결하다 보면 사람이 바뀌게 마련이다. 스스로 성장하게 되고, 자기 보정이 일어난다. 학습과 교육의 핵심은 여기에 있다. 모든 학생들에게 넉넉하게 시간을 주면 모두가 창작자가 될 기회를 얻는다.

핀란드에서는 2016년부터 순차적으로 교과서를 없애고 모든 학생을 대상으로 '현상 기반 교육Phenomenon-Based Learning, PBL'을 시행하고 있다. 현상에 기반을 둔 통합교과 교육을 시행하겠다는 건데, 이것이 미래 지향적인 교육의 상이라는 것이다. 나는 이보다 더 많이 바뀌어야 한다고 주장한다. 주제를 선정하는 것부터 학습 주체에게 맡기고, 모든 과정은 다수의 교사가 구체적으로 개입해서 운용되어야 한다. 이때 필요한 적정 학생 수와 교사 수는 실험 운용 기간을 거치며 결정해야 한다.

창작 활동은 창조적 인간을 만들기 위한 검증된 실효적 방안이다. 이제 교육은 이 방향을 따라가야 한다. 나는 세 가지 이유로 20세기까지의 교육 방법이 환골탈태해야 한다고 본다. 지금은 세상의 변화 속도와 규모에 맞는 학습 방법이 필요하다. 누군가 알아낸 지식을 빠르게 습득하는 것이 중요한 게 아니라, 새로운 지식을 스스로 획득하는 것이 필요한 때다. 세부적으로 보면, 첫째, 세상이 변하는 속도가 너무 빨라 가까운 미래의 유망 직종을 구체적으로 제시하기 어렵다. 20년 동안 사라진 직업이 얼마나 많은가. 아이폰이 처음 나온 게 2007년인데, 그 후로 세상은 얼마나 많이 바뀌었는가. 둘째, 게다가 기대수명이 늘어나서 첫 직업이 평생 직업이 되리라는 보장이 전혀 없다. 한 사람이 여러 직종을 거쳐가는 게 오히려 자연스러운 일이 되었다. 셋째, 대학 전공은 유효기간이 아주 짧아졌다. 매번 새롭게 배우고 익혀야 하므로, 학습은 곧 일상이 되었다. 이제는 사회에 진출하기 전까지 학교에서 스스로 학습하는 법을 반드시 배워야 한다.

이 제안이 현실성이 있을까? 입시 문제, 평가의 공정성 문제가 발목을 잡는다. 하지만 교육을 바꾸지 않으면 다 망한다. 학습 주체는 스스로 문제를 찾고 목표를 설정하는 능력을 길러야 하며, 새로운 교육은 논란의 문제가 아니라 사활의 문제임을 함께 느껴야 한다.

뉴리버럴아츠 인문학

문사철 인문학의 기원

한국에서 인문학이란 개화기 때 서양을 흉내 내어 만들어졌다. 개화기 전에 '인문학' 또는 '인문학 비슷한 그 무엇'이 있었다고 여기는 것은 역사를 부정하는 것이다. 인문학은 서양 근대의 제도를 수용하면서 개화기 조선이 만들어낸 발명품에 불과하다. 더 나아가 인문학을 문사철文史哲, 즉 문학, 역사, 철학으로 구분한 것은 일본에서 시작된 것이며, 이런 일본을 답습하여 한국 역시 인문학의 핵심에는 문사철이 있다고 여기게 되었다. 사실 '철학'이라는 개념은 1874년 일본 학자 니시 아마네가 처음 만들었으며, 우리가 오늘날 '문학'이라는 개념으로 떠올리는 내용을 마련한 것은 이광수다. 그러니 어찌 과거에 문사철 인문학 같은 것이 있었겠는가. 따라서 문사철 인문학에 미련을 가질 이유는 전혀 없다.

문사철 인문학을 해체해야 한다고 주장하는 이유는 본래의 문사철을 부정해서가 아니다. 나도 인문학을 사랑하기에 평생 공부해왔다. 하지만 불행히도 한국에서 인문학은 오랫동안 현실과 동떨어진 자리에서 작업해

왔고, 그리하여 현실에 개입하지도 못했으며, 현실의 문제를 명료하게 드러내거나 해법을 제안하지도 못했다. 때때로 "우리는 민족중흥의 역사적 사명을 띠고 이 땅에 태어났다"라고 외친 박종홍처럼, 인문학은 독재를 보조하고 정당화하는 일도 서슴지 않았다. 물론 소수 예외도 있었지만, 대부분의 경우 고상한 자리에서 교훈을 주거나 훈수 두는 정도의 역할이 사회가 인문학에 허용한 전부였다. 어쩌면 인문학은 기껏해야 뒷방 늙은이 정도로 취급되었던 것인지도 모른다. 이제 인문학은 땅으로 내려와야 한다. 사회 속에서 당당하게 제 역할을 하고, 적합한 평가를 받아야 한다.

국권을 상실하고 식민 지배를 당하던 100여 년 전 인문학은 지금보다 훨씬 치열하고 당당했다. 세계와의 동시대성 속에서 당시 한반도 지성계는 세계의 최전선이었다. 비록 일본어 번역을 통해서였지만, 20세기 전반 식민지에서는 우리가 교과서에서 배운 대개의 '문인'들이 세계와 어깨를 겨루며 사상을 운위했다. 해방 이후 문사철의 자존감은 한없이 추락했고, 기껏해야 좋았던 옛 시절을 그리워하는 국수주의만 횡행했다.

이제 인문학은 현실에 밀착함으로써, 구태를 벗고 새롭게 건설되어야 한다. 현실에 밀착한다는 건 과학기술과 정치·외교를 따라잡고 경제와 복리를 선도하며 역사를 만들어간다는 뜻이다. 뜬구름 잡는 공허한 목소리는 필요 없다. 생생하게 와닿을 수 있는 이야기를 해야 한다.

근래에 인문학은 '위기'와 '열풍'이라는 극단적으로 대립되는 두 얼굴을 보여주고 있다. 말하자면 대학에서는 몇몇 경제·경영 계열을 제외한 대다수 인문·사회 계열의 기피 현상이 두드러지는 반면, 대중적으로는 아이폰 열풍의 주역인 스티브 잡스Steve Jobs의 선언이 시발점이 되어 '위안을 주는 인문학 강의'와 '통찰을 준다는 가벼운 당의정 인문학 입문서'가 인기를 끌고 있는 것이다. 이런 모순된 상황을 둘러싸고 이른바 '전공인문학'은 학문 후속 세대 양성을 위해 대학원 과정에서 가르치고 학부 과정에서는 '교양인문학'만 가르치자는 주장이 논쟁에 불을 지피기도 했다.●

인문학의 '무용성' 테제 비판

나는 인문학이 처한 이런 모순된 상황을 탈피하기 위해 새로운 인문학을 구성하자고 제안한다. 이 땅에 인문학이 발명된 지 한 세기가 지났다. 그동안 인문학은 공동체를 위해 올바른 역할을 하지 못했다. 따라서 인문학은 새롭게 구성됨으로써, 삶과 사회에 기여해야 한다. 인문학의 변신은 시대의 과제다.

아직까지도 널리 통용되고 있는 한 가지 입장을 검토하면서 논의를 시작하겠다. 1970년대 중반 문학평론가 김현은 '문학의 무용성'에 대한 과감한 테제를 던지며, 그 '무용성의 유용성'을 역설했다.

● 송승철, 「인문대를 해체하라! ─ "전공인문학"에서 "교양인문학"으로」, 《영미문학연구 안과밖》 34호, 2013., 전인한, 「시력 약한 박쥐의 아름다운 퇴장 ─ 새로운 인문학의 출현을 고대하며」, 《영미문학연구 안과밖》 39호, 2015., 최예정, 「인문대를 해체하면 되는 걸까 ─ 교양인문학 또는 인문학 융합교육의 가능성과 의미」, 《영미문학연구 안과밖》 41호, 2016.

남은 일생 내내 나에게 써먹지 못하는 문학은 해서 무엇하느냐 하는 질문을 던지신 어머니. 이제 나는 당신께 나 나름의 대답을 하지 않으면 안 되겠다. 확실히 문학은 이제 권력에의 지름길이 아니며, 그런 의미에서 문학은 써먹는 것이 아니다. 그러나 역설적이게도 문학은 그 써먹지 못한다는 것을 써먹고 있다. 문학을 함으로써 우리는 서유럽의 한 위대한 지성이 탄식했듯 배고픈 사람 하나 구하지 못하며, 물론 출세하지도, 큰 돈을 벌지도 못한다. 그러나 그것은 바로 그러한 점 때문에 인간을 억압하지 않는다. (중략) 억압하지 않는 문학은 억압하는 모든 것이 인간에게 부정적으로 작용하는 것을 보여준다. (중략) 그 부정적 힘의 인식은 인간으로 하여금 세계를 개조하지 않으면 안 된다는 당위성을 느끼게 한다.●

이 주장은 그 후로도 한국 사회에서 많은 동감을 불러일으켰다. 특히 문사철 인문학의 성격을 협소하게 만드는 데 직간접으로 많은 영향을 끼쳤다.

이러한 무용성 테제는 우선 문학의 범위를 지나치게 좁힌다는 문제가 있다. 문학은 '언어로 표현된 사상'이며, 사상에는 많은 것들이 담길 수 있다. 더 중요하게는, 이 테제는 문학의 무용성을 주장함으로써 오히려 해악을 끼쳤다. 인문학의 무용성, 어디서 많이 들어본 이야기 아니던가. 그러나 문학을 포함한 인문학은 두 가지 면에서 유용하다. 한편으로 삶의 가치

● 김현, 『한국문학의 위상』, 문학과지성사, 1977, pp.20–21.

들을 끊임없이 평가한다는 점에서, 다른 한편 현실에 끝없이 아이디어를 준다는 점에서 그렇다. 무용성 테제는 인문학이 삶과 사회에 작용하는 다양한 측면을 보지 못하게 했고, 인문학이 삶과 사회를 구성하는 다양한 얽힘들(가령 과학기술, 정치·외교, 경제 등)과 맺는 관계를 긍정하지 못하게 했다. 이 점에서, '문학이 억압을 일깨우고 세계를 변혁할 당위를 일깨운다'라는 김현의 주장은 지나치게 관념적으로 머문다. '어떻게 해야 하나?'라는 물음은 답을 기약할 수 없었다. 문학은, 나아가 인문학은, 실천 방안에 대해 답할 책무를 면제받게 되었다.

김현에서 정점에 이른 '현실에 대한 인문학의 초연함'은 식민 통치와 독재 상황에서 어쩔 수 없는 측면도 있었으리라. 하지만 인문학과 예술, 과학과 기술은 현재에 대한 저항을 기본으로 삼는 활동이다. 현재를 넘어 더 나은 미래를 건설하려는 의지가 이 활동들을 관통한다. 저항이란 현재를 부정하는 의지가 아니라 미래를 긍정하는 의지다. 김현의 담론에는 이런 인식이 부재하며, 아도르노의 '부정 변증법'에서 한 걸음도 진도를 나가지 못했다. 또한 이런 테제는 비판의 핵심이 '부정'에 있다는 잘못된 인식을 뿌리내리게 했다. 비판의 본질은 건설에 있으며, 니체의 말처럼 망치의 사명은 부수고 나아가 만든다는 데 있다.

김현의 반대 진영에 속했던 이들도 책임이 무겁다. 이들 역시 문사철 인문학에서 벗어나 있지 않았기 때문이다. 문사철을 중심으로 한 인문학은 조선시대 성리학자의 작업에서 모델을 빌려 온 듯하다. 차이가 있다면 조선 성리학자의 작업은 정치와 경제에 깊이 관여했다는 점이며, 공통점이 있다면 과학기술에 조예가 없었다는 점이다. 이 점에서 문사철 인문학을 고쳐 쓰기보다 완전히 재구성하는 것이 시대정신에 맞으며, 앞으로의 핵심 과제는 과학기술과의 연결을 찾는 일이다.

뉴리버럴아츠 인문학의 시작

인문학을 재구성하기 위해 문사철 인문학으로 돌아가서 시작해보자. 나는 굉장히 오랜 고민 끝에 전통적인 '인문학'을 '언어 사랑'이라고 정의한 바 있다. 이 정의는 지금도 유효하다.

> 인문학이란 도대체 무엇일까? 인문학을 규정하는 방법은 여럿이다. '인문人文'이라는 말을 풀어 '사람의 무늬'라고 할 수도 있고, 주요 분과의 앞 글자를 묶어 '문사철文史哲'이라고 할 수도 있다. 물론 이런 규정 방식들은 인문학의 본질을 말해주지 못한다. 사실 인문학은 엄밀한 분류법에 따른 명칭도 아니다. 인문학은 영어 '휴머니티스humanities'나, 중세의 '아르테스 리베랄레스artes liberales', 즉 영어 '리버럴 아츠Liberal Arts'나, 르네상스의 '후마니타스humanitas'에 대응하는 말 또는 번역어로 보는 편이 정확하다. (중략) 흔히 인문학의 목적으로 '인간에 대한 탐구', '인간에 대한 성찰' 같은 걸 말하는 이들도 있는데, 무릇 모든 학문과 예술이 그런 내용을 포함한다

는 점에서, 인문학의 정의로는 지나치게 넓다. 내가 보기에 인문학의 가장 밑바닥에는 언어 사랑이 있다. 희랍어(고전기 그리스어)로 표현하면 '필롤로기아philologia'라고 할 수 있다. '언어logos'에 대한 '사랑philia' 말이다. 오늘날 필롤로기아는 '문헌학'으로 주로 번역되는데, 번역어로 무슨 말을 쓰건 그 근원에는 '언어 탐구', 즉 '언어에 대한 탐구' 및 '언어를 통한 탐구'가 놓여 있다.●

하지만 전통적 인문학이 중요한 게 아니라면 굳이 자발적으로 이 정의에 갇혀 있을 필요는 없다. 인문학이 한 시대의 필요에 의해 발명된 것이라면, 시대가 달라짐에 따라 새로운 인문학이 가공되어야 하는 것은 또 다른 필연이기 때문이다.

인문학을 규정하는 관용어 중 하나는 '비판' 또는 '비판적 사고'다. 그러나 수학과 자연과학은 물론 예술과 사회과학 분과들도 충분히 비판적 실천을 한다는 점에서, 이 특징은 인문학만의 것은 아니다. 서양에서 '비판critique'의 어원은 '체로 친다'라는 뜻의 희랍어 '크리네인krinein'이다. 크리네인은 의학적 의미에서 '병의 전기轉期'라는 뜻의 '위기crisis'의 어원이기도 하다. 비판은 학문philosophia의 탄생 시점에서부터 시작되었으며, 근대 자연과학에서 숙성해 꽃을 피웠다. 자연과학의 정신은 생생한 경험과 직관에

● 김재인, 『생각의 싸움』, 동아시아, 2019, pp.6-7.

뉴노멀의 철학

반대되더라도 세계를 '체로 걸러' 받아들일 수 있는 용기에 뿌리를 두고 있으며, 종교와 미신에서 인간을 해방시킨 원동력이었다. 근대 학문은 바로 이 자연과학의 활동을 중요한 뿌리 중 하나로 삼고 있다.

칸트가 「"계몽이란 무엇인가?"에 대한 답변」(1784)●에서 잘 지적했듯이, 위기를 직시하며 위험을 무릅쓸 수 있는 성숙함과 용기와 자유로운 정신, "과감히 알려고 하라sapere aude!"라는 표어에 비판의 핵심이 있다. 이렇게 보면, 로마에서 자유시민이 갖춰야 할 소양으로 여겨졌던 '아르테스 리베랄레스', 즉 리버럴아츠야말로 새로운 시대 조건에서 전통적 인문학을 확장할 충분한 자격이 있다. 아르테스 리베랄레스의 삼학三學, trivium을 이루는 '문법, 논리학, 수사학'은 대체로 문사철 인문학에 대응하지만, 사과四科, quadrivium를 이루는 '산술, 기하, 음악, 천문학'은 좁은 의미의 인문학으로 환원될 수 없다. 넉넉하게 해석하자면, 사과는 '수학, 자연과학, 예술, 공학, 사회과학'을 망라한다. 이런 점에서 나는 과거의 리버럴아츠 전통을 갱신해서 '뉴리버럴아츠New Liberal Arts'로서의 인문학을 제안하고 싶다.

아르테스 리베랄레스는 '자유시민소양'이라는 내포를 갖지만, 근래에는 '자유학예自由學藝'라고도 번역된다. 이 땅에서 대학 제도가 설립되던 초기에 '문리대학文理大學'이라는 명칭이 사용되었음을 감안하면, 뉴리버럴아츠를 '새 문리학文理學'이라는 명칭으로 옮길 수도 있다고 본다. 인문학이라

● 이마누엘 칸트, 『칸트의 역사철학』, 이한구 편역, 서광사, 1992.

는 이름을 과감히 버려도 상관없다. 명칭이야 무엇이 중요하겠는가. 고대 서양에서 '자유시민소양'은 공적인 삶에 능동적으로 참여하기 위해 자유로운 인간이 필수적으로 알아야 할 이론적·실용적 소양의 총합이었다. 이런 소양이 오늘날에도 필요한지 여부는 물어볼 필요도 없다.

인문학의 이러한 해체와 대체는 학문 체계 전반의 해체와 재구성을 뜻함과 동시에, 현시대의 학문이 나아갈 방향을 암시한다. 19세기에 형성되기 시작해서 20세기에 완성된, 그러나 시대에 뒤떨어진 것이 분명한, 서양 학문 제도와 교육 체계는 뉴리버럴아츠에 반발할 가능성이 크다. 하지만 새로운 학문·교육 시스템은 현실을 바탕으로 시작되어야 한다. 분할(분석)에서 출발하는 것이 아니라 현실(종합)에서 다시 시작해야 한다. 또한 교육 체계와 대학 제도도 시대에 맞게 재편되어야 한다. 이것이 학문의 시대적 사명이다.

뉴리버럴아츠의 유용성

뉴리버럴아츠 인문학은 오늘날 제기되는 많은 물음에 답을 제시할 수 있어야 한다. 특히 현시대가 직면한 인공지능, 기후위기, 감염병 대유행을 헤쳐나가는 데 어떤 역할을 할 수 있는지 답해야 한다. 물음은 대체로 두 부류로 묶일 수 있다. 하나는 삶의 가치들과 관련되어 있으며, 다른 하나는 현실적 절박함과 관련되어 있다.

삶의 가치들과 관련된 문제들은 다음과 같다. 삶에서 꼭 성취해야 할 가치들은 무엇일까? 자유시민으로 살기 위해 우리는 무엇을 배워야 할까? 미래 세대에게 사회적·지구적으로 필요한 교육은 무엇일까? 미래의 세계시민은 어떤 소양을 갖춰야 할까? 무엇을 어떻게 가르쳐야 할까?

현실적 절박함과 관련된 문제들은 다음과 같다. 과학기술이 인류에게 이롭게 사용되기 위한 방책은 무엇일까? 인류의 위기 상황에서 협력을 이끌어낼 수 있는 지구적 거버넌스는 무엇일까? 실용성이라는 말의 가장 넓은 의미에서, 실용적 앎이란 오늘날 무엇을 뜻하는 걸까? 다시 말해, 무엇을 알아야 삶에 유익한 것일까? 창의성은 어떻게 배양될 수 있을까?

이런 물음들에 답을 주지 못하는 학문이라면, 학문의 쓸모를 스스로 되돌아봐야 한다. 학문은 직접적이건 간접적이건 사회에 기여해야 하며, 사회의 바람에 호응해 응답해야 한다. 뉴리버럴아츠 인문학은 시대가 우리에게 던진 물음과 화두에 응하는 융합 학문이 될 것이다.

이를 통해 문사철 인문학뿐 아니라 자연과학, 사회과학, 예술 등의 분과도 서로 경계가 느슨해지길 바란다. 분과는 제도의 산물이고, 제도는 시대의 필요의 산물이다. 시대는 크게 바뀌었고, 따라서 제도 또한 충분히 바뀔 의무가 있다. 전문 학술 분과 자체가 사라질 일은 없겠지만, 적어도 포괄적인 물음을 탐구하는 분과, 나아가 이 분과가 주로 관여해야 할 학부 교양 수준의 교육과 관련된 지금의 제도는 전반적으로 재구성되어야 한다.

흥미롭게도 이미 30여 년 전에 저명한 경영학자 피터 드러커Peter Ferdinand Drucker

는 이와 유사한 통찰을 제시한 바 있다. 열역학 제2법칙을 모르는 '인문학'과 셰익스피어William Shakespeare를 읽지 않은 '과학'의 소통 단절 문제를 지적한 C. P. 스노Charles Percy Snow의 '두 문화' 이론을 비판하면서 드러커는 '경영management'이 이미 이 단절을 극복하고 있다고 주장한다. 드러커는 『새로운 현실The New Realities』에서 이렇게 말했다.

> 경영이란 전통이 리버럴아트Liberal Art라고 일컬어온 바로 그것이다. 경영은 지식의 근본들, 자신에 대한 지식, 지혜, 리더십을 다루기 때문에 '리버럴'이고, 실천와 응용을 다루고 있기 때문에 '아트'다. 경영자는 인문학과 사회과학의 지식과 통찰들을, 즉 심리학과 철학, 경제와 역사, 물리과학과 윤리를 끌어온다. 이에 그치지 않고 경영자는 이런 지식을 모아 환자를 치료하고, 학생을 가르치고, 교량을 건설하고, 사용자 친화적인 소프트웨어 프로그램을 설계하고 판매하는 등의 성과와 결과를 창출해야만 한다. 이런 이유들 때문에, 점차 경영을 통해 '인문학'은 인정과 영향력과 타당성을 다시 획득하는 분과와 실천이 될 것이다.●

드러커가 염두에 둔 개념으로서의 '경영'은 이 책에서 제안하고 있는 뉴리버럴아츠와 일맥상통한다. 나는 이런 비전이 학문과 교육 현실에서

● Peter F. Drucker, *The New Realities*, Harper and Row, 1989, p.223.

실현되기를 바란다. 그렇게 되면 새롭게 건설된 인문학의 유용성도 자연히 입증될 수 있을 것이다.

실용성의 함정을 유의하라

뉴리버럴아츠는 드러커의 '경영' 개념이 실용성보다 실천성을 강조하고 있다고 이해한다. 여기에서 유의할 점이 하나 있다. 한 사례로 인공지능을 살펴보자. 코로나19가 발발하기 조금 전인 2019년 12월 17일, 정부는 대통령 주재 아래 'IT 강국을 넘어 AI^{Artificial Intelligence}(인공지능) 강국으로' 나아가기 위한 「인공지능 국가전략」을 선포했다. 눈길을 끄는 것은 "AI는 단순한 기술적 차원을 넘어 인문·사회 등 모든 영역에 걸친 패러다임의 변화를 초래하므로 국가·사회 전반의 준비가 필요"하다는 강조다. 하지만 「인공지능 국가전략」에는 '인문·사회 영역이 무엇을 함으로써 어떻게 기여해야 하는지'보다는 과학기술과 경제 산업 발전 방안에 초점이 맞춰져 있다. 이를 정부의 인식 부재 탓으로 돌리는 것은 문제를 풀어가기 위한 좋은 접근이라고 보긴 어렵다. 그보다 인문·사회 영역의 학자들이 무엇을 어떻게 할 수 있는지 제안하는 것이 우선이다.

서양에서 제시된 몇 가지 접근 방향이 있다. 실리콘밸리의 벤처 캐피털리스트^{Venture Capitalist}인 스콧 하틀리^{Scott Hartley}는 『인문학 이펙트: 인공지능 시대를 장악하는 통찰의 힘』*에서 문과와 이과를 나누는 이분법에 의문을 제기한다. 인문학 전공자The Fuzzy는 컴퓨터를 모르고 컴퓨터 전공자The Techie는 인문학을 모른다는 이분법 말이다. 그는 인공지능 시대에 기술 장벽은 낮아지고 있으며, 더 중요한 것은 '올바른 질문을 하는 능력'이라고 말한다. 하틀리는 이런 질문 능력은 인문학 공부를 통해 얻어질 수 있다고 주장한다. 다양한 분야의 경험이 있어야 진짜 인간에게 필요한 것이 무언인지를 질문할 능력이 생긴다는 것이다. 애플의 스티브 잡스(인문학), 알리바바의 마윈Ma Yun(영어), 구글 CEO 수전 워치츠키Susan Wojcicki(역사학과 문학), 에어비앤비 CEO 브라이언 체스키Brian Chesky(미술), 기업 커뮤니케이션 플랫폼인 슬랙의 설립자 스튜어트 버터필드Stewart Butterfield(철학), 링크드인의 설립자 리드 호프먼Reid Hoffman(철학), 억만장자 벤처 캐피털리스트이자 페이팔의 공동 설립자인 피터 틸Peter Thiel(철학과 법학), 피터 틸과 함께 팰런티어를 설립한 CEO 알렉스 카프Alex Karp(법학과 사회학) 등 이 주장을 뒤따르는 많은 사례를 꼽을 수 있다.

또한 보스턴의 노스이스턴대학 총장 조지프 아운Joseph E. Aoun은 『AI시대의 고등교육』**에서 "향후 미국 대학의 차세대 인재 양성을 위한 교육 지향점은 인문학과 기술이 결합한 새로운 전인교육 모델인 인간학Humanics"이

● 스콧 하틀리, 『인문학 이펙트: 인공지능 시대를 장악하는 통찰의 힘』, 이지연 옮김, 마일스톤, 2017.
●● 조지프 아운, 『AI시대의 고등교육』, 김홍옥 옮김, 에코리브르, 2019.

뉴노멀의 철학

라면서 기술Tech, 데이터Data, 문해력Literacy이 인간학의 기초라고 주장했다. 책의 원제목인 "Robot-Proof"에서 알 수 있듯이, 인공지능이 할 수 없는 인간만의 일을 찾고, 그것을 교육에 반영해야 한다는 것이다. 나아가 그는 평생학습을 방안으로 제시한다.

한편 퓰리처상 수상 작가인 조지 앤더스George Anders는 『왜 인문학적 감각인가: 인공지능 시대, 세상은 오히려 단단한 인문학적 내공을 요구한다』●에서 "교양 교육이 사람들과 소통하고 교류하며, 타인의 마음을 이해하고, 비판적 사고를 할 능력을 키운다는 사실을 깨달았다. 이 자질이 모든 사람에게 매우 중요한 직업적 기술로 평가되고 있었다"라고 강조했다. 그는 인문학이 아무것도 훈련시키지 않을 수는 있지만 모든 것을 준비시킨다고 강조한다. 원제목에 나타난 것처럼 "'쓸모없는' 리버럴아츠'Useless' Liberal Arts"가 실은 모든 것을 위한 내공을 길러준다는 것이다. 실제로 기업에서는 창의력, 인간 이해, 설득력, 협업, 포용성, 커뮤니케이션 등 '파워 스킬power skill'을 가장 원하는 것으로 보고되고 있다.

이런 접근 방향들은 시대의 요구에 부응해서 뉴리버럴아츠가 어떤 일을 할 수 있는지에 대한 훌륭한 답변이 된다. 아직 한국에서는 이런 이야기들이 적극적으로 제시되지 않고 있다. 이런 접근들은 전통적 인문학 또는 뉴리버럴아츠를 통해 소양을 기르고, 그렇게 길러진 능력이 기술자와

● 조지 앤더스, 『왜 인문학적 감각인가: 인공지능 시대, 세상은 오히려 단단한 인문학적 내공을 요구한다』, 김미선 옮김, 사이, 2018.

사업가에게까지도 이윤을 준다는 믿음을 전제한다. 이런 방향을 외면할 필요는 없으며, 지금까지 인문·사회 연구자가 미처 깨닫지 못하고 있던 사실이라는 점에서, 고맙게 수용해야 한다. 다만 모든 것을 '이윤' 논리로만 설명하려는 경향은 지양되어야 한다. 그것은 인문·사회 본연의 영역에서 너무 멀리 나가는 일이기 때문이다.

　오히려 우리는 인공지능이 삶과 사회에 도움이 될 수 있는 길을 찾아내고, 신뢰할 수 있는 인간 중심의 인공지능Trustworthy Human-Centerd AI 건설을 견인해야 한다. 이것이 인문·사회 영역에서만 할 수 있는 작업이며, 오늘날 인문·사회 영역이 짊어진 시대적 과제다. 뉴리버럴아츠가 추구하는 유용성은 경제적 쓸모기 전에 삶의 쓸모다. 또한 이 일을 위해 전 세계가 선의의 경쟁을 펼치고 있는 것도 사실이다.

뉴노멀의 철학

뉴리버럴아츠와 대학 교육

교육과정 재편의 절박함

나는 지난 몇십 년 동안 교육과정을 어떻게 다시 짜야 하는지에 대해 고민했다. 이는 다양한 층위와 분야에서 이루어지는 사교육(입시교육을 뜻하는 게 아니다)의 목표와는 분명히 구별되는 공교육의 문제다. 여기서 말하는 공교육이란 한 사회가 미래 세대에게 무엇을 학습시킬 것인가와 관련된다.

새 시대의 교육은 어떤 모습과 내용이어야 할까? 교육은 무엇을 지향해야 할까? 나는 두 단계로 나누어 이 문제를 고찰할 것이다. 하나는 대학이상의 고등교육이고, 또 하나는 그 전까지의 중등교육이다. 유·초등 교육에 대해서는 그 후에 자연스럽게 사회적 논의가 이어졌으면 하는 바람이다.

첨단기술의 발전은 인간의 일을 빼앗는 경향이 있다. 특히 인공지능은 인간의 지능적 활동을 상당 부분 대체해가고 있으며, 로봇 기술과 결합하여 육체노동마저도 잠식해가고 있다. 일거리와 일자리의 조건이 급변하고 있는 현 상황에서 교육의 미래를 설계하는 일은 반드시 필요하다. 이제

20세기와 같은 교육 프레임은 더 이상 작동하지 않으리라는 점을 누구나 알고 있지만, 막상 무엇을 어떻게 바꾸고 어떤 대안을 제시해야 하는지는 쉽지 않은 문제다.

대학이 시대에 뒤떨어졌다는 이야기는 이미 오래전부터 나오고 있다. 비단 한국에 국한된 건 아니다. 하지만 앞으로 대학 교육이 나아가야 할 방향에 대해서는 아무도 답을 내놓지 못하고 있다. 오늘날 대학은 사회가 요구하는 인재를 제대로 공급하지 못한다. 하지만 대학의 역할이 인재를 공급하는 것일까? 빠른 속도로 기술이 발전하는 사회에서 더 중요한 건 학습 능력 자체를 키우는 일이 아닐까? 그렇다면 대학에서는 무엇을 가르쳐야 할까? 이제는 새로운 지식과 기능을 습득할 수 있는 기초 역량을 갖춰야 평생을 버텨낼 수 있는 시대다. 이와 관련해 새로운 실험들이 세계 곳곳에서 행해지고 있다.

삶의 조건이 바뀌면 그에 맞춰 제도도 변해야 한다. 아니, 제도의 변화라기보다 여태 없던 새로운 제도의 발명이 필요하다고 얘기해야 맞을 것이다. 기초학문은 대학과 사회에서 어떤 역할을 할 수 있을까? 기초학문 연구자 및 교수자는 어떻게 육성해야 할까? 인문·사회과학이 이공계를 포함한 인재 양성과 인성 배양에 어떤 기여를 해야 할까? 또한 문화·예술 영역은 어떤 역할을 해야 할까?

대학 교육
방안

나는 문사철 인문학을 폐지하고, 그 대안으로 뉴리버럴아츠 인문학을 제안했다. 문과와 이과, 예술까지 통합하는 학문 체계인 뉴리버럴아츠를 학부 교육과정에도 적용할 수 있다.

뉴리버럴아츠를 제안하는 것은 곧 소박한 문이과文理科 (문과와 이과) 구별이나 분과 장벽을 넘어서려는 것이다. 적어도 중·고등학교와 학부 교양과정에서는 사람의 바탕을 기르는 것이 최우선이기 때문이다. 뉴리버럴아츠는 진정한 의미의 융합이다. 분리된 것을 합치는 것이 아니라, 처음부터 분리 자체를 인정하지 않는다. 이를 '컴퓨팅 사고력computational thinking과 창의성의 결합'이라고 해도 좋고, 넓은 의미에서의 '디자인 능력design thinking의 함양'이라고 해도 좋다. 이런 능력은 심지어 기술력 있는 제품뿐 아니라 음악, 영화, 드라마, 웹툰, 소설 등의 문화 콘텐츠를 만드는 원동력이 될 수도 있을 것이다. 흔히 모든 방면에 뛰어난 재능을 가진 사람을 일컫는 '르네상스형 인간'이 되어야 한다는 주장도 이와 비슷한 맥락이다. 그렇기 때문에 뉴리버럴아츠는 피터 드러커가 말하는 '경영'으로까지 확장될 수 있었던 것이다.

뉴리버럴아츠는 학부에서의 '교양교육'과 '전공교육'을 둘러싼 논란에 대한 나름의 답변이 되기도 한다. 쟁점은 대학 학부 과정에서 무엇을 어떻게 가르쳐야 하는지다. 나는 3년 정도의 학부 과정은 뉴리버럴아츠를 중심으로 교육하고, 구체적인 전공교육은 대학원에서 해도 충분하다고 본다. 내가 이런 고등교육 방안을 제안하는 이유는 시대가 완전히 달라졌기 때문이다. 첫째, 현재 대학 교육과정은 19세기에서 20세기 초반에나 어울리는 것이었는데, 관성에 따라 너무 오래 남아 있었다. 둘째, 과거 선진국들로부터 배워온 현재 교육과정은 기존 지식을 빨리 따라잡는 데 적합하다. 하지만 지금은 기존 지식을 따라잡는 것 말고도 새로운 지식을 '먼저' 알아내는 능력이 필요하다. 셋째, 이미 선진국의 반열에 오른 한국은 전 세계에 새로운 고등교육과정 모델을 선보여야 한다. 그러기 위한 조건은 무르익었다.

내가 제안하고 싶은 교육과정은 다음과 같다. ①중등교육과정에서는 문과를 폐지하고 모든 학생에게 수학과 자연과학을 포함한 동일한 내용의 필수 공통과목을 가르쳐야 한다. ②학부에서의 고등교육은 뉴리버럴 아츠를 중심으로 이루어져야 한다. ③전문 지식과 기능은 대학원에서 떠맡아야 한다. ①에 대해서는 다음 절에서 자세히 설명할 것이고, 우선 ③에 대해 간략히 보자.

대부분의 사람들이 전문 지식과 기능 교육이 매우 세밀하게 이루어져야 한다는 데 동의할 것이다. 20세기 시스템에서 대학원 이후에 이루어졌던 교육과 연구는 21세기에도 유사한 형태로 지속될 수밖에 없다. 일정 단계에 이르면 같은 전공 안에서도 동료 연구자가 하는 작업 내용을 충분히 이해하기 힘든 경우가 생기는 법이다. 따라서 전문가 교육은 전문가에게 맡기는 것이 타당하다.

문제는 한국에 대학이 설립된 이래로 존재했던 '학부 전공'에 관한 것이다. 나는 두 가지 이유로 학부 전공의 특성이 바뀌었다고 진단한다. 먼저, 20세기 중후반과 비교했을 때 지금 대학은 그 성격이 많이 달라졌다. 당시 대학은 인구 대비 소수(1970년대 기준 약 30%)가 공부하던 교육기관이었으며, 그 소수가 배우는 내용은 선진 지식과 기능이었고, 배운 것들은 졸업 후에 평생 활용이 가능했다. 심지어 많은 특성화 고등학교에서도 사회에서 바로 써먹을 수 있는 전문 지식과 기능을 가르쳤으며, 이 역시 평생에 걸쳐 활용할 수 있었다. 또 당시 대학원은 대체로 학문 후속 세대, 즉 나중에 교수 역할을 할 인재를 양성하는 전문가 교육기관이었다. 지금은 그렇지 않다. 오늘날 고등학교 졸업자의 대학 진학률은 2005년 기준 82.1%로 정점을 찍었으며, 2018년 조사 결과 대학 진학률 69.6%로 경제개발협력기구(OECD) 국가들 중 1위를 10년 넘게 유지하고 있다. 말하자면 한국에서 대학은 고등교육기관이라기보다는 보편교육기관에 가깝다. 게다가 20세기 중후반 당시 학부 고학년 때 가르치는 수준의 지식과 기능을 지금은 대학원에서 가르치고 있다. 오늘날 고등교육의 두 단계인 대학 학부 과정과 대학원 과정은 반세기 전 대학의 교양 과정과 전공 과정이 순서대로 밀려난 형국이다.

둘째로, 대학에서 배워야 할 소양의 성격이 바뀌었는데, 이는 인구학적 특성의 변화와 관련된다. 말하자면 2017년에 태어난 한국인의 기대수명은 82.7년(남자 79.7년, 여자 85.7년)으로 1970년 기준 61.9년에 비해 20년 이상 증가했다. 20세기 중후반에 비해 오늘날 실질적 은퇴 시기가 많이 늦어졌다는 뜻이며, 일자리 측면만 놓고 보더라도 여러 차례 재교육을 받아야 한다. 또 과거와는 달리 의미 있고 가치 있는 삶이 무엇인지에 대한 고민이 더 절실해졌다는 점도 주목해야 한다. 따라서 대학은 '직업훈련' 교육기관이기 전에 '자유시민소양'을 기르는 교육기관이어야 마땅하다. 성년 초기에는 새로운 것을 배울 수 있는 능력과 함께 좋은 삶의 기준이 무엇인지 수립하는 것이 반드시 필요하기 때문이다.

덧붙일 것이 하나 더 있다. 미국의 고등교육 정책 전문가인 케빈 캐리Kevin Carey는 기술 조건이 변화한 현대사회에서 전문 지식 교육을 위한 장소인 대학이 여전히 예전과 같은 형태로 필요한지에 대한 의문과 관련해 다음과 같은 일화를 소개한다.

산호세 주립대학의 철학 교수들이 하버드의 철학 교수 마이클 샌델Michael Sandel에게 그의 유명한 '정의란 무엇인가'라는 강의를 에드엑스 플랫폼에 공개하는 것을 반대하는 공개서한을 보낸 일이 생각났다. "공공의 교육에 대해 생각하는 교수들은 교수들을 대체하고 학과를 해체하며 공립대학의 학생에게 제한된 교육을 제공하는 상품을 생산해서는 안 된다"라고 주장했다. (중략) 산호세 주립대학 교수들은 전국의 여러 철학과에서 사회 정의에 대한 동일한 생각을 가르친다는 것은 디스토피아의 세계를 그린 소설을 보는 것과 같은 무시무시한 일이라고 주장했다. 나는 랜더에게 이에 대한 생각을 물었다. 그는 "물론 여러 개의 생물학 입문 강좌가 있어야겠지요. 아마 대여섯 또는 일곱 종류 정도? 그러나 수천 가지일 필요는 없습니다"라고 답했다. ●

우리가 코로나19로 인해 대학뿐 아니라 초·중·고등학교에서 온라인으로 수업을 진행한 경험은 이 일화를 현실로 바짝 끌어온다. 대학이 지식을 가르치는 기능만 수행한다면 과연 계속 존재해야 할 이유가 있을까? 사회가 대학에 기대해야 하는 것은 지금까지와는 다른 교육이 아닐까? 대학이라는 장소는 조금은 다른 교육을 실천하는 장이 되어야 하지 않을까?

이런 점들을 반영했을 때, 대학 학부 3년 동안은 뉴리버럴아츠를 중심으로 교육하고, 그 이후 대학원에서 전문 지식과 기능을 가르치는 것이 시대에 부응하는 방안이라고 생각한다. 요점은 입시가 아니라 백년지대계 교육이다. 큰 그림을 바탕으로, 너무 먼 미래가 아닌 시점을 보며, 빠른 속도로 개혁이 일어나야 한다. 인공지능의 빠른 발전과 코로나19 사태를 계기로 큰 변화의 첫걸음을 내딛어보는 것도 가능하지 않을까?

● 케빈 캐리, 『대학의 미래: 어디서나 닿을 수 있는 열린 교육의 탄생』, 공지민 옮김, 지식의날개, 2016.

중등교육과정의 문이과 통합

문과와 이과의 구분

바로 앞에서 제안했던 중등교육에서의 문이과 통합에 대해 논의를 시작해보겠다. 최근 문이과 통합의 필요성을 말하는 사람들이 많아지고 있다. 그런데 왜 통합하자는 걸까? 그 전에 '문과'는 무엇이고 '이과'는 무엇일까? 이과와 문과가 구별된 건 순전히 '제도' 때문이다. 한국은 일본 식민지 시절에 이 제도를 받아들였다. 선진국 중에서 문이과 구분이 확고한 국가는 일본이 유일하며, 이 문이과 구분이라는 장벽이 인공지능 교육을 실시하는 데 가장 큰 장애 요인이 되고 있다.[•] 한국에서는 명목상으로 구분이 없어진다고 하지만, 실질적으로 효력이 있을지는 아직 미지수다. 우선 대학에 이과와 문과가 엄존하고 있고(교수들은 당분간, 아마도 한참 후에도, 바뀔 생각이 없어 보인다), 따라서 학생 선발 과정에서 이과와 문과에 속하는 학과마다 선택과목 가중치가 달라지고, 이것이 되먹임되어 학생들의 교

[•] "AI教育改革, 始動", *Nikkei Computer*, 2020. 4. 30. pp.36–43.

과 선택에 영향을 미쳐, 결과적으로 현행 문이과 구분과 비슷한 결과를 존속시킬 것이 예상되기 때문이다.

문과와 이과가 나눠지는 것은 고등학교 2학년 때인데(예체능계와 실업계는 예외다), 학생들이 문과와 이과를 선택하는 기준은 현실적으로 수학 과목을 얼마나 잘하는지 여부가 된다. 문과 학생은 곧 '수포자(수학을 포기한 자)'라는 공식이 통용되는 것이다. 물론 문과 학생이라고 모두 수학을 못하는 건 아니지만, 이과 학생에 비해 수학이나 과학을 공부하는 절대적인 시간 자체가 부족한 건 사실이다.

이런 사정은 곧 문과는 수학에 약하고 이과는 수학에 강하다는 귀결로 이어진다. 이러한 경향은 대학에서 더 심화되며, 대학을 졸업할 즈음엔 수학 영역과 관련해서는 어지간해서는 서로 말이 통하지 않는 지경까지 이르게 된다(경제학이나 통계학의 경우는 예외다).

여기까지는 다들 잘 아는 사실이다. 그렇다면 이런 현상이 의미하는 바가 무엇인지 분석하는 단계로 나아가야 한다. 내가 '수학'을 중심으로 이과와 문과의 차이를 구분한 것은 실제 현실에서 구분 기준이 그렇기 때문이기도 하지만, 다른 한편 '수학'이 무엇인지에 대한 새로운 인식이 필요하다고 생각했기 때문이다.

수학이란 무엇일까? 흔히 생각하는 것처럼 단순한 교과목은 아니다. 수학은 그 자체로도 논리적 체계지만 자연과학 및 응용과학(공학)의 언어기도 하다. 그런데 수학이라는 언어는 일상에서 사용하는 자연어와 달라도 너무 다르다. 세상에는 판이하게 다른 두 종류의 언어가 있다. 하나는 자라면서 대부분 습득할 수 있는 자연어고, 다른 하나는 애써 배워야 겨우 구사할 수 있는 외계어, 즉 수학이다. 생득적이지 않으며 습득이 어렵기 때문에 수학은 특별한 지위를 갖는다. 자연과학 중에서도 특히 물리과학은, 수학이라는 언어 없이는 접근이 불가능하다. 이 점을 유념하지 않으면 왜 이과와 문과의 벽이 그렇게 높은지 결코 깨닫지 못할 것이다.

이과 교육의 핵심에는 수학과 자연과학이 있다. 거꾸로 말하면, 문과는 수학과 자연과학을 충분히 가르치지(배우지) 않아도 된다는 뜻이다. 실제로도 이과에 비해 덜 가르치고 있다. 이게 맞는 걸까? 아무리 생각해봐도 두 그룹을 나누어 한 그룹만 수학과 자연과학을 충분히 가르치지 않아도 된다는 건 이치에 닿지 않는다.

물론 여기서 '충분히' 공부한다는 게 어느 정도인지는 전문가의 합의가 필요한 문제다. 이 문제는 성인이 되기 전까지 한 사회가 다음 세대 개인에게 어디까지 학습할 것을 요구하는지와 긴밀히 연관되기 때문에, 수학과 자연과학 전문가뿐 아니라 사회를 설계하는 더 넓은 범위의 전문가까지 이 합의에 참여해야 할 것이다.

문과를 폐지하자

만일 한 사회가 미래 세대에게 수학과 과학을 공부하지 않아도 좋다고 말한다면 그건 너무나 무책임한 일이다. 그렇다면 문과 교육는 어떨까? '문과'가 정당화될 근거는 무엇인가? 아무리 찾아봐도 그 근거를 찾지 못하겠다. 문과가 반드시 있어야 할 이유를 제시할 수 있다면, 나에게 가르쳐달라고 호소하고 싶다.

문과의 특징으로 내세워지는 과목은 언어와 역사, 각종 사회과학(지리, 정치, 경제, 법 등)이다. 하지만 이들 교과는 이미 이과에서도 어느 정도 가르치고 있으며, 이들 교과 때문에 수학과 자연과학을 덜 가르쳐야 할 근거는 전혀 없다. 아마도 제한된 시간에 모든 걸 가르칠 수는 없기 때문에 궁여지책으로 비중을 조절했다는 정도의 변명이 있을 수 있겠다.

냉정하게 말하면, 문과 교육은 이과 교육보다 교육량이 적다. 물론 문과 고유의 과목을 가르치는 시간이 더 많다고는 하지만, 중등교육과정에서 꼭 그 정도까지 가르쳐야 하는지 판단하기 어렵다. 오히려 수학과 자연과학을 외면하기 위한 핑계에 가까워 보인다. 요컨대 문과 고유의 과목은 책을 읽고 독학하는 것이 가능한 반면, 수학과 자연과학은 독학이 무척 어려워서 누군가의 도움이 필요하다.

모든 학생에게 수학과 자연과학을 포함해 동일한 필수과목을 가르치기 위한 시간을 마련하기 위해 가장 쉽고도 좋은 방법은 교과목으로서의 '국어'를 없애는 것이다. 왜 국어가 독립 과목으로 있어야 하는가? 국어교사가 있기 때문이다. 내가 보기에 다른 이유는 없다. 나는 '문학' 과목이 지금의 국어를 반쯤 대체하고 추가로 문법을 가르치되, 역사와 개별 사회과학, 그리고 과학사와 교양과학이 기존 '국어'의 나머지 자리를 대신해야 한다고 본다. 물론 이런 교육이 가능하기 위해서는 교사의 언어 능력이 지금보다 향상되어야 할 것이다.

문과와 이과로 구분된 교육이 이렇게 오랫동안 지속되는 이유는 무엇일까? 두 가지 정도로 이유를 추측해볼 수 있다. 첫째, 수천 년은 아닐지라도 적어도 수백 년간 이어온 '사농공상士農工商'의 적폐가 아직까지 지속되기 때문이다. 말하자면 '사士'의 우위를 포기하지 못하는 세력이 지배적이기 때문이라는 판단이다. 사농공상의 적폐는 시대착오적이다. 둘째, 현 교육 시스템에 내장되어 있는 '생활 기득권'에 주목해야 한다. 말하자면 중등교사의 현행 분포를 쉽게 바꾸지 못하는 행정적 문제가 있다. 문과 교과를 맡는 교사를 갑자기 축소할 수도 없고, 수학과 자연과학 교사를 갑자기 늘리기도 어렵다. 따라서 중등교사를 양성하고 재교육하는 시스템이 전면 개편되어야 하는데, 교육 당국이 이 문제에 손을 대는 것은 고양이 목에 방울 다는 쥐 노릇보다 어렵다.

중등교육을 얘기할 때 빼놓을 수 없는 것이 바로 '대학 입시' 문제다. 입시제도에 대한 사회적 합의를 이끌어내는 일은 대통령 탄핵보다 어렵다. 입시에 관한 한 누구라도 직·간접 당사자며, 따라서 전문가를 자처하기 때문이다. 공교육 전문가는 물론이고 자신의 이익을 추구하는 사교육 기관까지 목소리를 높이며 개입한다. 입시 문제는 중등교육의 개혁을 방해하는 요소가 된다. 그러나 문과를 폐지하자는 제안이 입시 문제에 좌우

될 이유는 없다. 변화한 시대에 맞게, 모든 학생이 모든 기초과목을 똑같이 배우자는 게 내 주장의 핵심이다. 입시는 그 후에 고려해도 좋다. 오히려 대학의 각 학과가 어떤 학생을 원하는지가 더 중요할 것이다. 중등교육과정을 둘러싼 논쟁이 고등교육과도 긴밀히 연결되는 건 이 때문이다.

고등학교에서 문과를 폐지하자. 진정한 문이과 통합의 방향은 여기에서 시작해야 할 것이다. 문과를 폐지하면 이과가 남는 게 아니다. 단일 교육과정이 남을 뿐이다. 따라서 모든 학생을 위한 단일 교육과정을 어떤 내용과 명분으로 어떻게 짤 것인지에 관한 과제가 남는다. 긴 물음이 꼬리를 물고 등장한다.

경쟁을 찬양하라!

언젠가 방송에서, 청와대 정책실장을 지낸 장하성 교수가 "경쟁에서 이길 생각을 하지 말고, 경쟁이 잘못되었다고 이야기할 줄 알아야합니다"라고 말한 적이 있다. 이 화면을 보니, 얼마 전 나를 불쾌하게했던 포스터가 떠올랐다. '경쟁은 바람직한가?'라는 주제로 열리는 토론회 포스터였는데, 강의실 복도에 몇 달 동안 걸려 있었다. 홈페이지에는 '대회 취지문'이라는 긴 발제문이 있었는데, 시작하는 부분만 소개하겠다. 이 토론 대회의 취지를 짐작케 한다. 그런데 등수도 매기고상금도 주는 '대회' 자체가 이미 경쟁이 아닌가?

경쟁은 한정된 자원을 여럿 중 누구에게 분배할 것인지 결정하는 방법중 하나입니다. 일련의 규칙들과 선발 기준이 마련된 상태에서, 경쟁은그 규칙에 맞게 선발 기준을 가장 잘 충족시키는 쪽에 자원이 돌아가도록 작동합니다. 대부분 출중한 능력이나 그에 따른 결과물이 선발의 기준이 되지만, 어떤 경우에는 노력으로 성취할 수 없는 요소들이 선발에 영향을 미치기도 합니다. 경쟁의 체제에서 사람들은 같은 자원을 두고 경합을 벌이는 다른 사람들보다 좋은 성과를 내기 위해 노력해야 합니다. 만약 별다른 노력을 기울이지 않는다면, 선발 기준에 더욱 부합하는 사람들이 희소한 자원을 가져가버려 결국 아무것도 얻지 못할 수도 있습니다. 따라서 경쟁에서 이기고자 하는 사람들은 끊임없이 스스로를 채찍질하며, 우수한 결과물을 내고자 시간과 노력을 투자합니다.●

나는 이 발제문에서 규정한 '경쟁'의 의미(장하성이 염두에 둔 것과 똑같은 의미)가 틀렸다고 주장한다. 정확하게 말하면, 틀렸다기보다는 의미가 편협하다고 하는 것이 맞겠다. 물론 세상 사람들은 대부분 저 발제문과 장하성이 생각하는 '경쟁'의 의미에 동의한다. 이 점에서 내 주장이 공격적으로 느껴질 수도 있겠다. 내 주장의 근거는 다음과 같다.

첫째, 이 글에서 규정된 '경쟁'은 남(들)과의 경쟁을 뜻한다. 게임이론의 용어로 '제로섬게임zero-sum game'이라고 한다. 합이 0이라는 뜻이다. 제로섬게임에서는 누군가 가지면 다른 사람은 빼앗긴다(갖지 못한다). 경제학에서 통용되는 경쟁의 정의다. 경제학에서 경쟁은 '한정된 자원'을 전제로 하는데, 이 '한정된 자원'이라는 표현은 가지려는 자보다 자원이 적다는 뜻이다. 이 경우 '의자 놀이' 상황처럼 내가 갖기 위해서는 남이 가져서는 안 된다는 함축을 지닐 수밖에 없고, 이를 전제로 '경쟁'을 정의하기 시작하면, '남과의 경쟁'이라는 의미망을 벗어날 수 없다. 우리는 입학, 취업, 승진, 결혼 등 여러 상황에서 남과 '경쟁'한다. 그게 우리 삶의 현상이다. 그렇기 때문에 저런 규정이 일상에서 통용되는 것이지만, '경쟁'은 과연 저런 뜻일까? 또는 저런 뜻이어야 할까?

● 서울대학교 기초교육원 SNU 토론한마당 홈페이지, http://debate.snu.ac.kr/

둘째, 남과 겨루지 않는 '경쟁'을 생각해보자. 남과 겨루지 않는 경쟁이란, 가령 '어제보다 나은 나'를 만들려는 노력 같은 것들이다. 혹자는 그런 노력도 결국은 남을 이기기 위해서 하는 게 아니냐고 반문할지 모른다. 그런데 남을 신경 쓰지 않는 사람에게도 그렇게 말할 수 있을까? 혼자 노력하는 건 경쟁이 아니라고 주장할 사람도 있을 것이다. 그렇지만 한 인간이 스스로 성장하려고 애쓰는 것에 어떤 명칭을 부여할 수 있을까? 어제보다 피아노를 잘 치기 위해 애쓰는 오늘을 뭐라고 불러야 할까?

내 주장의 핵심은, '경쟁'의 일상적 정의 아래에 깔린 더 중요한 측면을 놓치지 말아야 한다는 것이다. 철학 용어를 써서 표현하면, 일상적 의미의 경쟁이 가능하기 위한 조건을 찾아야 한다는 것이다. 한정된 자원을 놓고 벌이는 경쟁이 아닌 경쟁, 즉 자원이 무한하거나 제한이 없더라도 일어나는 경쟁의 측면을 먼저 보아야 한다.

셋째, 여기에서 니체의 '권력의지' 개념이 유용하다. 들뢰즈는 니체의 '권력의지'가 '권력 추구'이기에 앞서 '권력 표출'이라고 해석한다. 세속적인 돈, 명예, 지위, 권한 등을 추구하기 위해서는 추구할 수 있는 본원적 힘이 있어야 한다. 그 본원적 힘을 니체는 '권력Macht, Power'이라고 불렀다. 한편 니체는 권력의 발현을 '권력의지'라고 불렀는데, 니체에게 '의지'란 '하려고 함'을 뜻했으며, '권력이 무언가를 하려고 함'이 곧 '권력의지'였다. 우리가 일반적으로 생각하는 것과 정반대의 뜻이다. 세속적인 권력을 포함해서, 도무지 무언가를 추구하려면 본원적 힘이 먼저 있어야 하지 않은가? 니체가 찾아낸 것이 바로 그것이다.

니체가 권력의지를 정의한 가장 중요한 문장은 다음과 같다. "하나의 내적 세계가 거기(힘)에 부여되어야만 하는데, 그것을 나는 '권력의지'라고, 즉 권력의 표명에 대한 지칠 줄 모르는 요구라고 부르는데, 즉 그것은 또 창조적 충동으로서의 권력의 사용, 권력의 행사에 대한 지칠 줄 모르는 요구 등이기도 하다."● 내가 니체의 '권력의지' 개념이 유용하다고 한 것은, 우리가 통상 생각하는 '권력'과 니체가 생각한 '권력'이 본질적으로 다르다는 점에 주목하자는 말이기도 하다. 이와 비슷하게, 일반적인 '경쟁'과 그 경쟁을 가능하게 하는 '경쟁'은 구별되어야 한다. 나는 니체의 '권력의지'가 그런 경쟁을 가리킨다고 해석한다.

넷째, 그렇다면 근원적인 '경쟁'은 왜 굳이 '경쟁'이라는 이름을 여전히 지녀야 할까? 다른 용어로 바꾸면 훨씬 좋지 않을까? 그렇다면 '경쟁'으로 번역되는 말의 본래 뜻을 추적해보자. 옥스퍼드영어사전^{OED}에 따르면, 영어 competition 또는 compete의 어원은 라틴어로 거슬러 가는데, 라틴어 competere는 '함께'를 뜻하는 com과 '추구하다'를 뜻하는 petere가 합쳐진 말로, 놀랍게도 '함께하다, 일치하다' 또는 '함께 (무언가를) 추구하다'라는 뜻이다. 이 말은 중세 프랑스어 compéter를 통해 17세기 초 영어로 유입되어, 잘 쓰이지 않다가 18세기 후반 '(남과 나란히) 어떤 것을 얻으려고 하다'라는 뜻으로 부활했으며, 19세

● Friedrich Nietzsche, *Nachgelassene Fragmente Herbst*, 1885. 06~07. 36[31].

기 초 영국에서 '스코틀랜드' 또는 '아메리카' 낱말로 여겨졌다. 시장에서 사용되는 의미(오늘날 일반적인 의미의 '경쟁')는 1840년대의 용법이며, 1857년에 운동경기에서 사용되는 의미가 추가되었다. 이로써 오늘날 흔히 쓰이는 용법은 산업혁명 시기에 비로소 확립되었음을 알 수 있다. 본래는 '함께 추구하다'라는 의미를 가진 단어가 '남과 다투면서 추구하다'라는 뜻으로 의미 전환이 일어난 것이다. 따라서 '경쟁'의 본래 의미를 되찾으면 되지, 의미를 빼앗긴 채 다른 용어를 사용할 필요는 없다.

다섯째, 여기서 한 가지 궁금한 점이 있다. 과연 산업혁명 전에는 오늘날 말하는 '경쟁'이 없었을까? 물론 언제나 경쟁은 있었다. 제한된 자원을 놓고 벌이는 경쟁은 자연스러운 현상이다. 인간 사회에서건 자연에서건 말이다. 그건 부정할 수도 없고 부정해서도 안 된다. 여담인데, "경쟁에서 이길 생각을 하지 말고, 경쟁이 잘못되었다고 이야기할 줄 알아야 합니다"라고 말하는 사람은 이미 경쟁에서 이긴 사람이라는 불편한 진실이다. 한 청년의 말이 가슴을 찌른다. "이번에는 이긴 다음에 잘못됐다고 이야기하면 안 될까요?" 하나 더 지적하자면, 앞의 토론회에서 보듯이 실제로는 경쟁을 권해놓고 마치 그런 건 경쟁에 속하지 않는 것처럼 위선을 부리는 경우도 많다.

나는 현실에서 이런저런 일이 사실로서 벌어지고 있으니까 인정하자는 현실 추수주의자가 아니다. 그렇다면 오늘날 경쟁에 대한 비판 담론은 어떻게 보아야 할까? 비판 담론은 대체로 경쟁의 폐해를 문제 삼는다. 대표적인 예로 입시 경쟁이 있다. 이런 부류의 경쟁을 두고 '과도한' 경쟁이라거나 자발적이지 않은 '타율적' 경쟁이라거나 사람이나 사회가 '황폐해진'다거나 하는 지적이 나오고, 불공정 경쟁의 문제도 언급되곤 한다. 그러나 이런 비판은 모두 과녁을 빗나가고 있다. 경쟁 비판의 논거가 부당하기 때문이다. 현실에서 경쟁은 불가피하다. 가지려는 사람은 많고 가질 것은 적은데 어찌해야 하는가? 누군가가 더 먼저 더 많이 가질 수밖에 없다. 일단 분배가 있고 난 뒤에, 갖지 못하거나 덜 가진 자가 불만을 품을 수는 있다. 하지만 분배가 시작될 때 더 먼저 더 많이 가지려고 하지 않는 사람은 무척 드물다. 그것이 인지상정이다. 곧이어 제기되는 문제는 분배의 기준이다. 대부분의 사람이 동의할 만큼 기준이 적절하고, 과정이 투명하고 건전하며, 심판이 정직하다면, 결과의 차이에 대해서 수긍할 수 있다. 달리 어쩔 도리가 없기 때문이다. 문제는 많은 사람이 우리 사회의 경쟁이 불공정하다고 느낀다는 데 있다. 하지만 이 문제는 경쟁 자체의 문제가 아니다. 이건 사회정의의 시스템 문제다. 자기 몫을 제대로 평가받는 공정한 사회에서는 경쟁이 전혀 문제가 되지 않는다.

여섯째, 나는 경쟁을 비판하는 사람이 정작 비판해야 하는 것은 정의롭지 못한 사회라고 주장하겠다. 더 나아가, 그런 비판자는 진실을 가리는 나쁜 일에 가담하고 있다고 비판하겠다. 앞에서 보았듯이, 경쟁은 본래 남과의 아귀다툼이 아니라 남과 함께하는 추구다. 무언가를 추구한다는 건, 생산하고 창조한다는 뜻이다. '한정된 자원'이라는 편향된 틀로 세상을 바라보면 남을 밟고 올라서는 것만 보인다. 하지만 여태까지 없던 것, 또는 여태까지 가치 있다고 받아들이지 않던 것을 만들어낸다면, 그건 다른 차원의 문제다. 이런 작업은 '나'로부터 시작되는 작업이고, 그런 '나'들이 모여 함께 해나가는 작업이다. 함께 승리하는 '윈윈게임win-win game'인 것이다. 경쟁의 본질은 '윈윈게임'이다.

일곱째, 방금 전에 나는 아주 중요한 발언을 했다. 함께 모이기 위해서는 먼저 모일 사람이 있어야 한다. 다시 말해, '무언가를 추구하는 나'가 먼저 있지 않고서는 '함께 추구함'이 성립할 수 없다. 이런 까닭으로 앞서 말한 '어제보다 나은 나'가 되려는 노력, 다시 말해 '어제의 나와 오늘의 나가 벌이는 경쟁'이야말로 경쟁의 가장 밑바탕에 있다. 이것이 바로 경쟁이 가능하기 위한 조건이다. 남과 함께 추구하기 전에, 남과 겨루기 전에, 먼저 어제의 나와 겨뤄야 한다. 그것은 곧 자기 성장의 추구다. 김연아가 아사다 마오와 경쟁했다고 보는 것은 피상적이다. 김연아는 늘 어제의 김연아와 경쟁했다. 남을 이기기 위해 하는 경쟁은 오래가지 않는다. 그 경우라면 일인자가 되는 순간 동력이 사라진다. 나날이 나아지는 자신을 확인하고, 자신을 위해 노력하는 일만이 지속력을 갖는다. 남과의 경쟁은 사회를 살아가다 보면 생기는 부수적인 일이다. 신경 쓰지 않아도 남과 부딪히는 건 어쩔 수 없는 노릇이다.

마지막으로, 자신과의 경쟁이 주로 '예술'이나 '체육' 분야에서 두드러진다는 점에 주목하자. 오늘날 많이 상업화되긴 했지만 예술이나 체육은 '돈'보다 '가치'를 좇는 작업이다. '경쟁'이란 '가격'이 아니라 '가치'를 추구하는 활동이다. 경쟁은 홀로 하는 싸움이다. 이 지점까지 와야 '경쟁'에 대해 바르게 고찰했다고 생각한다.

고대 그리스인은 '경쟁'에 해당하는 '아곤agon'이라는 개념을 갖고 있었다. 아곤은 남과의 경연競演 형태로 드러나지만(드러날 땐 어쩔 수밖에 없다), 그 근본에는 '가치'의 추구가 있었다. 짧게 인용문을 보자.

> 우리는 그리스인이 자신의 '티메' 곧 정당한 칭송의 보상에 얼마나 신경을 쓰는지 보았다. 그리스인은 (과거에나 현재에나) 본질적으로 경쟁적이고, 야심만만하고, 자기가 주도하기 원한다. (중략) 그래서 우리는 매 순간마다 '경쟁' 곧 '아곤'의 개념을 만난다. 우리가 빈약하게도 '경기'라고 번역하는 낱말은 그리스어로는 '아고네스agones'다. 연극 축제도 '아고네스'다. 시인과 시인이, 배우와 배우가, 합창단장이 합창단장과 치열하게 경쟁한다. 영어 '고통agony'의 직접적인 어원이 '아곤'이다. 인간의 진면목은 바로 투쟁의 고통에서 드러난다.●

경쟁의 고뇌agony는 삶 자체의 활동이다. 고뇌는 어디에서 오는가? 고뇌는 어제의 나보다 나아지지 않는 자신을 느낄 때 생겨난다. 요컨대, 경쟁이야말로 가장 미학적인 실천이다.

● H. D. F. 키토, 『고대 그리스, 그리스인들』, 박재욱 옮김, 갈라파고스, 2018, p.369.

K-철학의 탄생

내 인생의 반절 이상을 차지해온 고민 중 하나는, '왜 어떤 문화가 꽃필 때는 하나가 아닌 떼로 폭발하는가?'였다. 기원전 4~5세기 아테네를 비롯해 르네상스 시기 피렌체, 17세기 암스테르담, 18세기 스코틀랜드, 20세기 초 파리와 빈의 경우 모두 사상가, 예술가, 문인이 딱 한 명만 나왔던 적이 없었기 때문이다.

최근의 대한민국을 놓고 이 의문을 분석하면서 느껴지는바, 중요한 환경 중 하나가 대화 또는 소통이라는 것이다. 들뢰즈는 철학이 대화와 소통 따위와는 아무 상관 없다고 강력하게 주장했는데, 나도 십분 동의한다. 그런데 들뢰즈를 아무리 좋게 해석하더라도, 한 가지 짚고 가야만 하는 건 들뢰즈가 처했던 당시의 지적·문화적 풍토다. 프랑스어 구사자로서 들뢰즈는 풍요로운 문화 자산을 지닌 채 태어났다. 아마도 이 정도 유산을 가진 금수저는 역사를 통틀어 그리 많지 않았을 것이다. 더욱이 독일이 패전의 늪에 빠져 있을 때 프랑스는 레지스탕스를 기반으로 재빨리 과거를 청산하고 새 문화를 건설하기 시작했다. 그 결과 전후 가장 먼저 가장 앞선 사상을 구가하게 되었다. 그 시절 청춘을 지냈던 들뢰즈, 푸코, 데리다, 발리바르^{Étienne Balibar} 등은 물론

이고 그 선배 세대인 사르트르Jean Paul Sartre, 바슐라르Gaston Bachelard, 캉길렘Georges Canguilhem, 알튀세르Louis Althusser 등도 살아가는 동안 열심히 연구 결과물을 제출했다. 그리고 이들이 죽으면서 프랑스 지성과 문화의 전성기는 끝났다.

일본은 메이지유신 이래로 그들의 장기였던 '정리벽'을 성공 도구로 삼아 식민 지배와 세계 전쟁까지 일으켰지만, 지금까지도 이어지는 정리벽 때문에 아베 정부의 독재를 타파하지 못하는 지적·문화적 무기력에 허덕이고 있다. 어릴 적 일본어 번역으로 과학과 문화와 철학을 배우고 '코끼리 밥솥'과 '워크맨'부터 '바이오VAIO'까지 전자기기를 동경했던 나와 내 동시대인들은, 전자제품은 '메이드 인 코리아'가 세계 최고고, 외국 여행을 가면 엘지와 삼성 제품이 호텔마다 있으며, 인터넷과 와이파이와 지하철은 한국이 제일 '짱짱'하다는 내 아이 세대와 경험의 공통성이 별로 없다. 세상은 변했지만 일본은 멈춰 있다. 욱일기의 문양은 지는 해, 즉 밤의 임박일 뿐이다. 내가 알기로 지금 일본에는 철학자가 없다. 가령 니체를 제대로 이해한 일본 학자는 단 한 명도 없다.

다시 들뢰즈 얘기로 돌아오면, 그가 누렸던 프랑스어 자산의 막대한 힘은 오래전부터 내가 부러워했던 바다. 원하면 무엇이든 찾아 읽을 수 있는 언어 저력은 영어나 독일어도 아직 갖추지 못한 자원이다. 바로 이 언어 자체가 들뢰즈의 철학을 만들어낸 힘이요, 그의 동시대 철학자들을 낳은 배경이다. 돌이켜보면, 앞서 내가 열거한 문화의 꽃

밭들은 모두 이런 자원이 있었기에 일정 시기에 동시에 피어날 수 있었으며, 또 그 자원이 잠재력을 소진한 후 일제히 져버리고 말았던 것이리라. 이게 잠정적으로 도달한 내 결론이다.

이제 한국으로 눈을 돌리자. 과거 세계의 유산은 현재 한국어 자산 목록에 올라와 있다. 니체도 들뢰즈도 온전한 모습으로는 아니지만 한국어 라이브러리('도서관'이라는 좁은 뜻이 아니라 프로그램의 라이브러리라는 의미)의 일부다. 이렇게 라이브러리가 갖춰졌다는 게 새로운 문화가 꽃필 수 있는 첫 번째 조건이다. 이 과정에는 수십 년에 걸친 유학 세대가 큰 역할을 했다.

니는 니무 가난하고 성보도 부족해서 유학은 꿈도 못 꿨고, '셀프 장학금'을 열심히 조달하며 국내에서 학위를 받았다. 한마디로 온갖 고생과 설움을 다 겪었다는 뜻이다. 하지만 상전벽해도 여러 번, 뒤집고 또 뒤집으며 '다이나믹'하게 변화를 겪은 한국 사회를 내부에서 또렷하게 목격하면서, 여러 가지 생각에 생각을 거듭할 수밖에 없었다. 새옹지마도 이런 새옹지마가 없다. 외국에서 보면 지랄 맞다고 할 수밖에 없는 한국인의 성질머리 덕분인지, 온갖 체험의 축적은 거름이 되기에 넉넉했다. 이 거름을 어떻게 이용하느냐는 농부의 몫이다.

박세리, 박찬호, 김연아, 손흥민, 류현진 등 스포츠 천재들이 아무리 '갑툭튀(갑자기 툭 튀어나온 사람)'일지라도, 일정 부분 한국어 라이브러리를 무시하곤 생각조차 어렵고, BTS(방탄소년단)의 제작자 방시혁은 대학 시절 나와 함께 미학과 철학을 공부했으며, 영화감독 봉준호 또한

AFKN(미군방송) 덕도 보았지만 어쨌건 대학에서 사회학을 공부하고 김대중 대통령이 만든 한국영화아카데미에서 공부한 국내파였다. 한강과 김혜순, 백희나 등 문인들의 언어 토양이 한국어임은 말할 것도 없다. 정보통신기술이나 보건의료를 비롯한 과학기술 영역이 부문별 차이가 있을지라도 그간 큰 진전을 보였음은 굳이 덧붙일 필요가 없다.

나는 특히 세종이 발명한 한글이 가장 중요한 인프라라고 본다. 의지만 있다면 누구든 쓰는 것이 가능하다는 것, 생각을 글로 표현할 수 있다는 것은 엄청난 일이다. 이게 가능한 나라는 없다.

나는 한글이 소셜미디어의 등장과 함께 지적·문화적 폭발의 계기를 만들었다고 확신한다. 과거에는 사람들이 교류할 수 있는 대학, 카페, 거리 같은 장소가 중요했다. 좁은 곳에 여러 사람이 치고받고 배워야 사상과 문화가 성장하는 법이다. 이런 물리적 장소들을 지금은 인터넷과 통신이 대신하고 있다. 완전히 대신하는 건 불가능하고, 때로면 대 면 만남이 중요하긴 하지만, 얼추 밭은 펼쳐진 셈이다. 아주 큰 밭이 펼쳐져 있다. 도대체 지금 전 세계에서 이렇게 많은 논객이 온갖 주제, 아니 거의 모든 주제를 놓고, 자기주장을 입증하고 발전시키는 데가 어디 있단 말인가? 대한민국만 빼고.

특히 한국의 페이스북은 매일 여러 편의 논문이 제출되고 있다. 이건 엄청난 저력이고, 역사에 유례없는 에너지 집중이다. 우리는 매일 엄청나게 학습한다. 사상과 문화 영역은 물론, 경제와 정치, 세계와 지구를 소재 삼는다. 이런 나라가 또 어디 있을까? 외국어에 익숙한 이들은 전 세계의 매체(신문, 잡지, 학술지, 블로그까지)를 끊임없이 번역해서 한국어 라이브러리에 쌓고 있다. 나는 이런 힘을 느끼기에, 한국에서 K-철학이 탄생하고 전 세계로 번역될 것임을 확신한다.

'코로나 혁명'으로 명명하는 지금의 시기를 지나가면서, 아니 겪어가면서, 이 에너지는 반드시 인류를 위해 기여하는 방향으로 폭발할 것이다. 가장 먼저 실험하고, 가장 먼저 고민하고, 가장 먼저 생각하는 것이 지금 대한민국 역사 이래 처음으로 가능해졌다.

끝으로 정치와 거버넌스의 역할을 강조하고 싶다. 블랙리스트, 썩은 공권력, 인맥으로 다 해먹는 학계와 문화계, 아무도 신뢰할 수 없는 부패 사회는 어떤 생명도 싹틀 수 없는 토양이다. 그 밖에도 투명하고 공개적인 의사 결정, 솔선수범 리더십, 질적 평가에 대한 승복, 소득과 향유 면에서의 기본 생활 보장, 기회의 고른 분배, 수월성의 존경 등 많은 것들이 필요하다. 지금 전 세계가 한국을 주시한다는 데 만족하며 멈추어서는 안 될 것이다. 촛불혁명에서 정점에 이른 대한민국 정치는 나날이 새로운 거버넌스를 실험해보고 있다.

왜 지폐에 이황과 이이가 들어가야 하는지, 이들의 성리학이 오늘날 얼마나 쓸모 있는지 물어야 하지 않겠는가. 화폐개혁이 아닌 지폐개혁이 필요하다. 역사 속 진정한 의인은 누구였던가? 오늘날 진정한 의인은 누구인가? 자꾸 물음을 던지면서 보편을 선도하는 K-철학이 탄생하고 있다. 이건 필연이다.